C.H.BECK WISSEN

Wer sich gleichermaßen knapp, kompetent und umfassend über die Wirtschaftsgeschichte des Mittelalters informieren möchte, dem sei dieser Band empfohlen. Er bietet eine gut gegliederte, facettenreiche und spannende Überblicksdarstellung von der gesellschaftlichen Organisation, der wirtschaftlichen Produktion und der für die Ökonomie bedeutenden Infrastruktur der Spätantike bis zu den demographischen und finanzwirtschaftlichen Entwicklungen des Spätmittelalters. Landwirtschaft, Bergbau, Salzgewinnung, Jagd, Fischerei und Viehwirtschaft werden ebenso behandelt wie beispielsweise Eigentums- und Herrschaftsverhältnisse oder ökonomische Wandlungsprozesse infolge von militärischen Ereignissen, dem Ausbruch von Seuchen oder dem Entstehen der Hanse und der Erschließung neuer Handelswege.

Hans-Jörg Gilomen lehrte von 1988 bis 2010 als ordentlicher Professor für Allgemeine und Schweizer Geschichte des Mittelalters sowie für mittelalterliche Wirtschafts- und Sozialgeschichte an der Universität Zürich. Seine Forschungsschwerpunkte, zu denen er eine Reihe von Publikationen vorgelegt hat, umfassen Agrargeschichte, Kredit und Wucher, ökonomische Ideen, Stadtgeschichte, Sozialgeschichte des christlich-jüdischen Verhältnisses, Migrationsgeschichte, Volkskultur, Geschichte des Basler Konzils, Ordensgeschichte (insbesondere des Cluniazenserordens).

Hans-Jörg Gilomen

WIRTSCHAFTSGESCHICHTE DES MITTELALTERS

C.H.Beck

Mit 2 Karten (© Peter Palm, Berlin)

Die erste Auflage dieses Buches erschien 2014.

2., durchgesehene und aktualisierte Auflage. 2023

Originalausgabe

www.chbeck.de
Reihengestaltung Umschlag: Uwe Göbel (Original 1995, mit Logo),
Marion Blomeyer (Überarbeitung 2018)
Umschlagabbildung: Florentiner Bankhaus, 1490, Holzschnitt;
© akg-images
Satz: Fotosatz Amann, Memmingen
Druck und Bindung: Druckerei C.H.Beck, Nördlingen
Printed in Germany
ISBN 978 3 406 79499 5

myclimate

klimaneutral produziert
www.chbeck.de/nachhaltig

Inhalt

I. Von der Spätantike zum Mittelalter (5. bis 7. Jahrhundert): Brüche und Kontinuitäten

In der Geschichtsschreibung sind mehrere Hauptursachen für den Niedergang des römischen Reiches angeführt worden, darunter auch wirtschaftliche. Am häufigsten wird die Sklaverei genannt. Sie sei verantwortlich gewesen für die Zerstörung des Arbeitsethos, für technische Stagnation und für zu große Produktion bei geringer Nachfrage, umgekehrt aber auch für zu geringe Produktion aufgrund mangelnden Interesses der Sklaven am Ertrag. Die ungünstige Produktivität, nach anderen aber einfach der Arbeitskräftemangel wegen dem stockenden Nachschub an Sklaven hätten zum schollengebundenen Kolonat geführt. Auch der Geldwirtschaft ist eine entscheidende Rolle zugeschrieben worden. Für die einen war die zunehmende Naturalwirtschaft bei ungenügender Entwicklung der Geldwirtschaft, der bloße «Scheinkapitalismus», bei dem die Gewinne konsumtiv in Luxus und Kunst verpulvert wurden, ein Hauptfaktor des Niedergangs, für andere war es gerade umgekehrt der zu stark entwickelte Kapitalismus, der zu rücksichtsloser Ausbeutung der Produzenten geführt habe. Auch eine geldmengentheoretische Überlegung fehlt nicht: Wegen Luxusimporten und Zahlungen an die Barbaren sei das Edelmetall aus dem Reich abgeflossen, die verminderte Geldmenge habe geringe Produktpreise zur Folge gehabt, weshalb sich die Produktion kaum mehr gelohnt habe. Für viele Autoren spielt die Besteuerung eine wichtige Rolle. Darauf führen sie zurück, dass die freien Bauern in das schollengebundene Kolonat herabsanken. Für andere ist durch Besteuerung im Interesse von Heer und Bürokratie die Privatwirtschaft ruiniert worden. Wiederum andere sehen gerade in der Armut des Staates bei gleichzeitigem Reichtum der Grundherren das Hauptübel.

Eine neue christlich geprägte Ökonomie?

Die Kirchenväter des 3.–5. Jahrhunderts haben christliche Grundsätze zu wirtschaftlicher Gerechtigkeit erarbeitet. Ihre Einschätzung des Reichtums war ambivalent. Nach Augustin ist er von Gott geschaffen zur Verherrlichung des Schöpfers, zur Prüfung der Guten und Strafe der Bösen. Umgekehrt meinte Tertullian, Gott habe immer die Armen gerechtfertigt und die Reichen verdammt. Nach Hieronymus stammen alle Reichtümer aus Ungerechtigkeit, denn wenn einer etwas gewinne, müsse ein anderer es verloren haben. Dem Reichen seien seine Güter jedoch nicht schädlich, wenn er davon die Armen unterstütze. Hermas meint sogar, wenn die Not zu schwer auf dem Armen laste, könne er nicht gute Früchte für das ewige Leben bringen. Das Motiv, dass der Arme geradezu zum Laster gezwungen sei und nur der Reiche tugendhaft sein könne, findet sich später immer wieder bei christlichen Autoren. Die Armut wurde als gottgewollt dargestellt: Die Armen seien da, damit die Reichen, die nur schwer das Seelenheil erlangen, sich durch Almosen den Himmel verdienen könnten. Die in der ersten Hälfte des 8. Jahrhunderts verfasste Lebensbeschreibung des heiligen Eligius formuliert dann bündig: «Gott hätte alle Menschen reich erschaffen können, aber er wollte, dass es auf dieser Welt Arme gibt, damit die Reichen Gelegenheit erhalten, sich von ihren Sünden freizukaufen.»

Ein kurzer Text des 6. Jahrhunderts bringt die Stellungnahme der Kirchenväter zum Handel und zum Kredit auf den Punkt. Es heißt hier, indem der Herr die Verkäufer und Käufer aus dem Tempel vertrieb, habe er angezeigt, dass der Kaufmann Gott nie gefallen könne; deshalb solle kein Christ Kaufmann sein oder dann aus der Kirche Gottes hinausgeworfen werden. Gleich wie einer, der zwischen zwei Feinden gehe und beiden gefallen wolle, dem einen vom andern und umgekehrt schlecht reden müsse, so könne derjenige, der kaufe und verkaufe, nicht ohne Lüge und Meineid sein. Hier wird die ökonomische Idee vertreten, dass eine Ware nur einen Wert und damit nur einen gerechten Preis (*pretium iustum*) haben könne, ob man sie kaufe oder verkaufe. Jede Abweichung nach unten beim Ankauf oder nach oben beim Verkauf ist unrecht, verschafft einen schändlichen Gewinn (*turpe lucrum*), ist Preiswucher. Der Gewinn des Kaufmanns entsteht aus der Differenz des Ankaufspreises zum Verkaufspreis, ist also immer schändlicher Gewinn. Anders verhalte es sich, wenn jemand Material zur Herstellung eines Produkts kaufe. Dieser Handel zwischen Produzenten zur Weiterveredelung von Produkten und der direkte Absatz an Konsumenten ist erlaubt. Diese negative Sicht gründet auf einem aus der heidnischen Antike vermittelten Misstrauen gegen den Handel und gegen jeden Gewinn, der nicht in der Produktions-, sondern in der Distributionssphäre erzielt wird.

Der Text geht dann vom Preiswucher zum Zinswucher über. Mehr als alle Kaufleute sei der Wucherer verdammt. Er verkaufe nämlich die von Gott geschenkte Zeit zwischen dem Beginn und dem Ende der Darlehensfrist, indem er nicht nur die geliehene Summe, sondern darüber hinaus für die verlaufene Zeit einen Zins fordere. Wer hingegen Pacht- oder Mietzinse erhalte, sei kein Wucherer. Der Pächter eines Ackers könne daraus Früchte erwirtschaften, der Mieter erlange den Gebrauch der Wohnung. Wer einen Acker oder ein Haus vermietet, gebe deren Gebrauch und empfange dafür Geld – so scheine gleichsam Gewinn gegen Gewinn getauscht zu werden. Aus dem aufbewahrten Geld jedoch, das zu keinem Gebrauch vorgesehen sei außer zum Kaufen, erlange man keinen Gewinn. Zudem altere (verschleiße) der Acker oder das Haus durch den Gebrauch, das verliehene Gut aber vermindere sich nicht und altere nicht.

Diese für das ganze Mittelalter zentralen ökonomischen Grundpositionen sind die christliche Radikalisierung der aus der heidnischen Antike, letztlich von Aristoteles übernommenen These von der Unfruchtbarkeit des Geldes, das einzig dazu diene, den Austausch von Gütern zu vermitteln. Dazu kam die biblische Verurteilung jeder Darlehensverzinsung als Wucher gegen Bedürftige. Diese Einschätzung ging einzig vom Konsumdarlehen zur Überbrückung von Notlagen aus; sie ignorierte das Investitionsdarlehen und hatte keine Vorstellung von Kapitalproduktivität.

Rückgang der Bevölkerung

Mit der Bevölkerungsgröße ist die Nachfrage nach Nahrungsmitteln und weiteren Bedarfsgütern verbunden, aber auch die Verfügbarkeit von Arbeitskräften zu deren Produktion. Im spätrömischen Reich ist es seit dem 2. Jahrhundert zu einer erheblichen Abnahme der Bevölkerung gekommen. Der Rückgang wurde schon zeitgenössisch negativ bewertet und politisch bekämpft, etwa durch Gesetze, die Kinderlosigkeit mit rechtlichen Nachteilen bestraften, oder durch die Privilegierung von Eltern mit einer Mindestzahl von Kindern. Neben zu geringen Kinderzahlen führte auch eine ungewöhnlich hohe Mortalität zu einem Rückgang der Bevölkerung. Seit dem 2. Jahrhundert sind mehrere verheerende Epidemien belegt. Aus Mesopotamien schleppte die Armee des Severus im Jahr 165/66 die «Antoninische Seuche», wahrscheinlich die Pocken, ins Reich ein. Die Seuche erreichte im selben Jahr Rom, dann Gallien und das Rheinland; sie blieb bis ins Jahr 180/189 in immer neuen Ausbrüchen wirksam. In den Jahren 251–268 folgte die «Seuche des Cyprian», über deren Erreger es nur Vermutungen gibt. Auch Malaria und Tuberkulose forderten viele Opfer. Die zuvor nur sporadisch auftauchende Lepra wurde im 4.–6. Jahrhundert endemisch. Am schlimmsten war die «Justinianische Beulenpest», die zuerst 541 im oberen Nilgebiet Ägyptens belegt ist und sich in wiederholten Seuchenzügen bis ins 8. Jahrhundert im ganzen Reich verbreitete. Die Mortalität war sehr hoch. Im 6. Jahrhundert war die Bevölkerungszahl an einem Tiefpunkt angelangt. Die ökonomischen Folgen waren gravierend. Justinian erließ in den Jahren 542 bis 545 mehrere Gesetze, die als Reaktion auf Folgen der Bevölkerungsverluste zu deuten sind, bis hin zum Erlass von Lohnkontrollen angesichts des Mangels an Arbeitskräften. Über Arbeitskräftemangel und verödete Güter wurde in der gesamten Zeit der Seuchenzüge geklagt.

Ansiedlung der «Barbaren»

Die Barbaren sind als Verbündete ins römische Reich eingewandert oder haben, dort angekommen, förmliche Föderatenverträge abgeschlossen. Die wirtschaftliche Herausforderung der Ansiedlungen war enorm: Die oft als bewaffnete Gruppen marodierend von Beute lebenden Krieger mussten mit Staatsland oder als «Gäste» der römischen Grundbesitzer mit Einkünften aus deren Land ausgestattet und dadurch befriedet werden. Gewalt und Drohung haben die Grundbesitzer gewiss in der ersten Zeit mürbe gemacht, wie es beispielhaft für den Süden Frankreichs Paulinus Pellaeus schildert, dessen Besitzungen zu Beginn des 5. Jahrhunderts mehrmals von Westgoten geplündert wurden. Sicher beschönigend ist ein Brief des Ostgotenkönigs Theoderich aus dem Jahr 509, wonach in Italien die Zuteilung eines Drittels von Ländereien an die «Gäste» zu Freundschaft zwischen den Völkern geführt habe; um den Preis eines Teils ihres Landes seien den Römern Verteidiger gewonnen worden. Die Teilungen wurden vielfach förmlich ausgehandelt. Breiter Widerstand wurde nicht geleistet, auch weil vor allem Staatsland ausgegeben und Großgrundbesitz geteilt wurde. Barbarische Könige haben – beraten von römischen Fachleuten – vielfach erst später die faktisch geschaffenen Verhältnisse rechtlich formalisiert. Im Laufe der Zeit sind die Gästerechte der Ansiedler zu uneingeschränktem Eigentum umgeformt worden. Dieser Prozess zog sich in Gallien, Burgund, Italien und Spanien über mehrere Generationen hin. Anders verlief die Ansiedlung der Vandalen im 429 eroberten Nordafrika: Hier wurden die Ländereien der Senatorenaristokratie und der katholischen Kirche enteignet. Trotz Erstreckung der Verjährungsfrist haben nach der Rückeroberung unter Kaiser Justinian die Nachkommen der Enteigneten keine umfangreichen Restitutionen durchgesetzt. Auch die Langobarden, die nach der Niederlage der Ostgoten Italien eroberten, haben gezielt senatorische Ländereien enteignet.

Die Ansiedlung der Barbaren führte von der Kriegerökonomie der Beute und Plünderung hin zur Einordnung in die bestehende Agrarwirtschaft. Wenn die Burgunder nicht bloß mit zwei Dritteln von geteilten Ländereien, sondern auch mit einem Drittel der darauf beschäftigten Sklaven ausgestattet wurden, kann dies wohl nur bedeuten, dass auch die Leitung der Produktion auf ihrem Teil der Ländereien auf sie übergegangen ist. Auch ein Gesetz König Gundobads aus der Zeit um 500, wonach von Rodungen durch Burgunder auf Gemeinschaftsland die Hälfte den römischen Landbesitzern zu übergeben sei, erweist die aktive agrarwirtschaftliche Tätigkeit der «Gäste».

Ende des «Steuerstaats»

Während sich der römische Staat vor allem aus der *annona* oder *iugatio/capitatio* genannten Steuer von Bodenertrag und Arbeitskraft in der Agrarwirtschaft finanziert hatte, ging die Verbindung von Landbesitz und Steuerleistung durch die Herausbildung des uneingeschränkten Eigentums verloren. Das dadurch und durch verbreitete Steuervermeidung zunächst der Amtsträger (*Curiales*), dann der Landbesitzer herbeigeführte Ende des die gesamte Ökonomie dominierenden römischen Steuerstaats bedeutete einen scharfen Bruch, der in Gallien im Verlauf des 5., in Italien im 6. Jahrhundert anzusetzen ist. Eine neuere Schätzung hat die gesamte Steuerlast im 4. Jahrhundert auf nur rund 20 % des Bruttosozialprodukts beziffert, was weit unter modernen Staatsquoten liegt. Indessen war die Belastung der verschiedenen Wirtschaftssektoren sehr ungleich. In Gallien klagt der Schriftsteller Salvian im 5. Jahrhundert über die Steuerbelastung der Bauern: «In einer Zeit, in der der römische Staat entweder schon tot ist oder doch sicher in den letzten Zügen liegt, und dort, wo er noch zu leben scheint, von den Fesseln der Steuern wie von Räuberhänden erdrosselt dahinstirbt, in einer solchen Zeit finden sich viele Reiche, deren Steuern die Armen zahlen müssen, das heißt, es finden sich viele Reiche, deren Steuern die Armen töten.»

Dem Steuerdruck suchten freie Bauern ins Patrozinium eines reichen Herrn zu entkommen, indem sie diesem ihre Eigengüter übergaben und sie als Pächter weiter bebauten. Sie zogen es vor, Pacht statt Steuern zu zahlen. Anknüpfend an die römische Steuerfreiheit des Militärs, aber auch, weil sie der Meinung waren, die Steuerleistung sei eine unwürdige Unterwerfung, setzten die barbarischen Ansiedler Steuerfreiheit ihrer Ländereien durch. Um 500 erhoben Franken und Burgunder in Gallien, Ostgoten in Italien, Westgoten in Südgallien und Spanien, Vandalen in Nordafrika weiterhin Steuern, aber in wesentlich geringerem Ausmaß als zuvor die Römer. Im merowingischen Gallien fiel die Steuerbelastung wohl auf etwa 10% der Bodenerträge.

Der spätrömische Staat hatte die Steuererträge vor allem der Armee zukommen lassen. Die barbarischen Krieger wurden dagegen nicht durch Steuern, sondern durch Einkünfte aus ihren Ländereien unterhalten. Auch die sehr reduzierte Verwaltung benötigte keine Steuermittel mehr. Den Bedarf des Königs deckten Einkünfte der übernommenen römischen Staatsländereien. Die Besteuerung hatte damit ihre legitimierenden Grundlagen verloren. Die Langobarden haben nach 568 als erstes barbarisches Reich in Italien auf die Besteuerung verzichtet. Auch das Karolingerreich beruhte nicht mehr auf Besteuerung, sondern auf Einkünften aus Grundbesitz.

Landwirtschaft

Der bestimmende Sektor der spätantiken Ökonomie war die Landwirtschaft. Die Quellenlage ist allerdings nicht günstig, Akten, die einen Einblick in die Praxis gewähren, sind nur für Ägypten erhalten. Eine große Zahl von Gesetzen zeichnet Normen auf, deren Umsetzung nur schwer zu beurteilen ist. Betrieben wurde die Landwirtschaft in den Formen kleiner familiärer Bauernbetriebe und großer Latifundienwirtschaft. Es ist mit einer großen Vielfalt in den verschiedenen Regionen des Reiches aus klimatischen, topographischen, brauchtümlichen, sozialen und politischen Ursachen zu rechnen. Im Vordergrund stand die Deckung des Eigenbedarfs. Hohe Produktivität ermöglichte aber eine ausgeprägte Marktverflechtung insbesondere zur Beschaffung der nicht selbst produzierten Waren und Geräte.

In allen Provinzen des Reiches nahm der Großgrundbesitz in der Spätantike zu; überall wurden Güter der Großgrundbesitzer Pächtern und Kolonen zur Bearbeitung übertragen. Der Großgrundbesitz des Kaisers, der Kirche, der Senatoren und Kurialen, auch städtischer Berufsleute wie Ärzten, Professoren, Reedern und Bäckern dominierte die Überschussproduktion. Er wurde durch Verwalter mit Sklaven und freien Lohnarbeitern oder durch Kolonen und Pächter bewirtschaftet. Nach Quellen aus Kleinasien waren dort im Großgrundbesitz etwa 10–20 % Sklaven und etwa 80–90 % Kolonen tätig. Die Verwalter waren besoldet und lieferten die gesamten Nettoerträge ab. Die Pächter zahlten eine Pacht in Geld und Naturalien und leisteten Frondienste.

Zu unterscheiden sind Zeitpächter und Dauerpächter. Die Zeitpacht lief normalerweise ein *lustrum*, d. h. fünf Jahre. Dann mussten die Bedingungen, auch die Höhe der Pacht, neu ausgehandelt werden. Die Erbpacht dürfte für den Pächter günstiger gewesen sein, weil er nicht von den Gütern vertrieben und weil seine Pachtbedingungen nicht geändert werden konnten. Vielfach scheinen Erbpächter sich auf ihrem Besitz so sicher gefühlt zu haben, dass sie ihn schließlich als ihr Eigentum betrachteten. Seit dem 4. Jahrhundert zeichnet sich eine längerfristige Tendenz von der Zeitpacht zur Erbpacht und von der Erbpacht zum Eigentum ab.

Im Verlauf des 4. und 5. Jahrhunderts nahm die Zahl der auf Eigengütern produzierenden freien Bauern ab. Dem Zugriff der Steuereintreiber, der militärischen Verpflichtung und anderen Bedrohungen suchten sich einzelne Bauern, Gruppen oder ganze Dörfer dadurch zu entziehen, dass sie sich dem Schutz – dem Patrozinium – eines mächtigen Grundbesitzers oder eines Offiziers unterstellten. Auf den Pachtgütern wurden die freien Bauern gesetzlich zu schollengebundenen Kolonen: Die Grundbesitzer wurden verpflichtet, die Steuern für die Pächter an den Staat zu entrichten. Die Steuereintreibung ging gesetzlich von den staatlichen Eintreibern auf die Grundbesitzer über. Dies hat die Schollenpflicht der Kolonen bewirkt. Selbst bei Erfüllung aller Verpflichtungen konnte der Pächter den Pachtherrn nicht mehr wechseln, er konnte nicht mit Wegzug drohen, um seine Pachtbedingungen zu verbessern. Die Herren beanspruchten auch Gerichtsbarkeit über die Kolonen. Die herrschaftliche Komponente im Verhältnis des Großgrundbesitzers zu den Kolonen verstärkte sich. Die Kolonen wurden den Grundbesitzern durch neue Gesetze, die der Sicherung der Steuereinnahmen dienten, immer stärker untergeordnet. Ihr Rechtsstand näherte sich demjenigen der Sklaven an.

Während sich die Situation der Kolonen eher verschlechterte, verbesserte sich zugleich der Stand der Sklaven. Die Bewirtschaftung von Großgütern mit kasernierten Sklaven, die scharf kontrolliert und ohne Möglichkeit zu Eigeninitiative und Familienleben zentral gehalten wurden, ging in der Spätantike zurück zugunsten einzeln angesiedelter Sklavenfamilien, die selbständig ein kleines Bauerngut auf dem Land des Großgrundbesitzers bearbeiteten. Das Familienleben sorgte für die Reproduktion der Sklaven. In der Forschung wurde erwogen, ob die Ansiedlung damit zusammenhänge, dass die Produktion mit kasernierten Sklaven sich nicht mehr lohnte, da deren Preis stieg, weil die Rekrutierung neuer Sklaven durch Kriegsgefangenschaft stark zurückging. Da viele geborene Sklaven nach dreißig Jahren und gekaufte Sklaven im Testament ihres Herrn freigelassen wurden, verringerte sich ihre Zahl laufend, obwohl durch die kriegerischen Auseinandersetzungen des 5.–8. Jahrhunderts dann wieder vermehrt besiegte Gegner versklavt wurden. Als weiterer Grund für den Rückgang der kasernierten Sklaverei wird in der Forschung die geringere Produktivität aufgrund mangelnden Interesses am Ertrag oder gar aufgrund von Arbeitsverweigerung, Sabotage und Flucht genannt. Eine Produktivitätssteigerung, um die gesunkene Rentabilität wieder anzuheben, sei nur dadurch zu erreichen gewesen, dass man die Arbeitskräfte an einer Steigerung der Produktion durch Anteil am Ertrag interessierte. Deshalb habe man ihnen kleine Betriebe zur selbständigen Bebauung übergeben. Damit entfielen die hohen Kosten für die Überwachung weitgehend. Der Grundbesitzer schöpfte einen Großteil des geschaffenen Mehrwerts über die Abgaben ab. Nach dieser These führte die ungenügende Rentabilität zum Ende der antiken Sklaverei. Die Abnahme kasernierter Sklaven könnte auch mit dem Rückgang von Überschussproduktion, insbesondere von Wein und Textilien für den Handel, zusammenhängen aufgrund des Zusammenbruchs der reichsweiten Handelsbeziehungen seit dem 5. Jahrhundert.

Die Patroziniumsbewegung und die Entwicklung des Kolonats zur Schollenpflicht kann als eine tiefgreifende Feudalisierung der spätrömischen Gesellschaft gewertet werden. An die Stelle der Beziehungen von Untertanen zur staatlichen Gewalt traten private Herrschaftsverhältnisse zwischen Großgrundbesitzern und ihrer Klientel. In dieser sozialen Umwälzung ist ein für die Gesamtentwicklung vielleicht wesentlicherer Faktor zu sehen als in der Abschwächung und im Rückgang der Sklaverei.

Ackerbau

Im Ackerbau wurde das wichtigste Grundnahrungsmittel Weizen (*triticum aestivum* bzw. *durum*), das Hauptbrotgetreide, überall, wo es irgend ging, für den Eigenbedarf angebaut. Er stellt recht hohe Ansprüche an nährreiche, wasserhaltige Böden und ein mildes Klima, Bedingungen, wie sie rund ums Mittelmeer verbreitet anzutreffen sind. Vielleicht aufgrund der Steuererleichterungen für bewässertes Land durch Diokletian nahmen die Investitionen in Wasserschöpfräder zu Beginn des 4. Jahrhunderts stark zu. Große Exportkapazitäten für Weizen bestanden in Nordafrika, Ägypten, Sizilien und Kalabrien, in geringerem Ausmaß in Aquitanien und Britannien.

Neben dem Hauptgetreide Weizen begegnen Spelt oder Dinkel (*triticum spelta*), Emmer (*far*) und Einkorn (*triticum unicoccum*). Wenig verbreitet war der Anbau von Roggen (*secale cereale*). Da dieser größere Winterhärte besitzt, wurde er besonders in Gebirgslagen (Karpaten, Alpen, Vogesen) angebaut. In der Spätantike verdrängte Roggen als Wintergetreide und Saatweizen als Sommergetreide im östlichen Donauraum Dinkel und Hafer. Nördlich der Alpen ist Roggen zum Hauptbrotgetreide geworden. Selten war Gerste (*hordeum*). Unbeliebt waren Brot und Brei der im ganzen antiken Mittelmeerraum verbreiteten Rispenhirse (*panicum miliaceum*). Kolbenhirse (*setaria italica*) wurde im Schwarzmeergebiet, in Gallien und Norditalien angebaut. Da beide Hirsearten spät im Jahr gesät werden konnten, hatten sie eine gewisse Bedeutung als Aushilfssaat. Hafer (*avena*) wurde nur als Viehfutter verwendet. Bei germanischen Völkern war Hafer hingegen ein Hauptnahrungsmittel. Er ist klimatisch anspruchslos und bringt auch in kälteren Gegenden gute Erträge.

Gemessen wurde die Produktivität im Ackerbau durch das Saat-Ernte-Verhältnis. Schätzungen antiker Schriftsteller sind unzuverlässig. Nach Varro (gest. 27 v. Chr.) kann das gleiche Saatgut je nach Bodenbeschaffenheit den zehn- bis fünfzehnfachen Ertrag erbringen. Cicero (gest. 43 v. Chr.) nennt für ein erstklassiges Getreidegebiet Siziliens einen acht- bis zehnfachen Ertrag beim Weizen. Columella (gest. um 70 n. Chr.) meint, das Vierfache werde in Italien nur selten erreicht. Viel höher war die Produktivität in Ägypten, doch sank sie im 6. Jahrhundert wegen des Verfalls der Bewässerungssysteme. Moderne Schätzungen rechnen mit einem durchschnittlichen Saat-Ernte-Verhältnis von 1:4 bis 1:5. Verschiedentlich haben die Kaiser jenen, die verödete Güter wieder unter den Pflug nahmen, für einige Jahre Steuerfreiheit und andere Vergünstigungen versprochen. Das Problem verschärfte sich durch die immer wiederkehrenden Barbareneinfälle, die in den Grenzgebieten eine regelmäßige Feldbestellung oft unmöglich machten. Ein innenpolitischer Grund zur Verödung magerer Böden war die bei geringer Produktivität unerträgliche Steuerlast. Von starker Verödung ist in Gallien, Nordafrika, Ägypten und Syrien die Rede.

Mit dem Getreidebau verband sich das Müllergewerbe. Die Mühlen, auch bereits Getriebemühlen, wurden durch im Kreis gehende Sklaven oder durch Pferde und Esel betrieben. Horizontale und vertikale Wassermühle sind wohl schon im 3. Jahrhundert v. Chr. entwickelt worden. Nach einem Preisedikt des Kaisers Diokletian aus dem Jahr 301 kostete eine Pferdemühle ohne Steine 1500 Denare, eine Eselsmühle nur 1250 Denare, eine Wassermühle 2000 Denare, eine Handmühle immerhin 250 Denare. Trotz der höheren Investitionskosten waren Wassermühlen weit verbreitet. Schon aus dem 1. Jahrhundert n. Chr. ist eine Wassermühle in Chaplix bei Avenches nachgewiesen, eine weitere zu Beginn des 2. Jahrhunderts in Dasing in Bayern.

Eine große Anlage mit sechzehn Mühlrädern aus dem 2. Jahrhundert ist in Barbegal bei Arles archäologisch untersucht worden. Hier konnten täglich 4,5 Tonnen Mehl erzeugt werden. Die Produktivität einer Wassermühle mit zwei Mahlsteinen übertraf die einer Eselsmühle um das Fünffache. Durch Wassermühlen angetriebene Hämmer zum Stampfen von Getreide (Gerste) waren gemäß Plinius im 1. Jahrhundert n. Chr. in ganz Italien verbreitet; im 5. Jahrhundert ist eine solche Stampfe im Kloster Condat im Jura bezeugt.

Weinbau

Das zweitwichtigste Nahrungsmittel neben dem Weizen war der Wein, der in allen Bevölkerungsschichten täglich getrunken wurde. Die Weinkultur hat sich bereits in spätrömischer Zeit nach Norden ausgebreitet. Den Allobrogern im Rhônegebiet ist es im Verlauf des 1. Jahrhunderts gelungen, eine resistente Rebsorte (*allobrogica*) zu entwickeln, die dem raueren Klima gewachsen war. Vienne und Lyon wurden zu Haupthandelsplätzen für diesen Wein. Die Vermarktung vor allem nach Norden verband sich mit einem regen Schiffsverkehr auf der Saône. Ein weiteres Weinzentrum entstand zur selben Zeit im Gebiet von Bordeaux, gleichfalls auf der Grundlage einer neuen Rebsorte (*biturica*). Bordeaux wurde zu einem Hauptexportgebiet für Wein nach Britannien. Auch im benachbarten Spanien wurde zur selben Zeit eine neue Rebsorte (*cocolubis*) eingeführt. Wohl im 3. Jahrhundert wurden Weingärten in Burgund angelegt. Bereits vorrömisch war der früheste Weinbau im Burgenland und in Südtirol. Früh war auch der Weinbau im Elsass und an der Mosel, wo in Piesport-Müstert in der Umgebung der Kaiserstadt Trier eine nach 200 zu datierende große Kelteranlage nachgewiesen ist. Literarisch besungen hat den Moselwein im 4. Jahrhundert der Dichter Ausonius in der *Mosella*.

Einer Bemerkung in der *Historia Augusta* zufolge soll Kaiser Probus (276–282) allen Galliern, Spaniern und Briten erlaubt haben, Wein herzustellen, wodurch ein zuvor auf wenige *civitates* beschränktes Privileg allen zugänglich gemacht worden sei. Vielleicht hängt die weitere Ausbreitung des Weinbaus im Seinebecken und in der Loiregegend, in der Pfalz und im Rheingebiet damit zusammen.

Alle frühen Weinexportgebiete befanden sich im Bereich schiffbarer Flüsse: Rhône, Garonne, Saône, Seine, Loire, Mosel, unterer Rhein. Das zeigt die große Rolle der Transportfrage bei diesem Handelsgut. Für die traditionellen Weinexportgebiete vor allem Italiens entstand nördlich der Alpen eine auf die Dauer scharfe Konkurrenz.

Oliven und Spezialitätenkulturen

Ein bedeutendes landwirtschaftliches Produkt war die Olive und das aus ihr gewonnene Öl. Der Ölbaum hat eine sehr weite Verbreitung im römischen Reich gefunden. In Nordafrika, Spanien und Syrien kam es zu riesigen Monokulturen für den Export. Das Öl diente als Nahrung, daneben auch für Beleuchtungszwecke und in der Hygiene. Da man noch keine Seife kannte, ölte man sich ein. Öl, Oliven, Brot, Käse, Salz und Wein waren tägliche Nahrungsmittel auch der Armen. Öl verwendete man auch zur Konservierung von Lebensmitteln: Fischkonserven in Öl wurden in Tonkrügen in großem Maßstab für den Export hergestellt. Aus Nordafrika kamen Feigen, Artischocken, Granatäpfel, Kümmel; aus Syrien Feigen und Pistaziennüsse, berühmt waren Pflaumen und Datteln aus Damaskus. Aus Kreta stammt die Quitte. Auch im Garten- und Obstbau wurde Überschussproduktion für den Markt angestrebt, etwa in Latium und in Etrurien durch bewässerte Kulturen für den Bedarf Roms. Die Römer gelten auch als Begründer des systematischen Obstbaus nördlich der Alpen.

Viehzucht, Jagd, Fischerei

Einen wichtigen Platz nahm die Viehzucht ein. Pferde, Maultiere, Kamele, auch Ochsen wurden für Transportzwecke gezüchtet. Milchviehhaltung war eher selten, vor allem züchtete man Fleischlieferanten. In trockenen Gebieten des gesamten Mittelmeerraums und in kargen Berglandschaften war Transhumanz (Wanderviehwirtschaft) für Schafe und Rinder verbreitet.

In der Ernährung stand das Schwein an erster Stelle. Weniger geschätzt, aber quantitativ vielleicht noch wichtiger waren Schafe und Ziegen. Nach dem Preisedikt Diokletians aus dem Jahr 301 kostete ein Pfund Schweinefleisch 12 Denare, während Rind-, Schaf- und Ziegenfleisch für 8 Denare zu haben waren. Rindfleisch war eher gering angesehen, da Ochsen als Zugtiere gehalten und erst geschlachtet wurden, wenn sie bereits älter waren. Hingegen galt Kalbfleisch als Delikatesse. Seit Kaiser Aurelian (270–275) wurde nicht nur Getreide, sondern auch Olivenöl und im Winter während fünf Monaten Fleisch unentgeltlich an die Bevölkerung Roms verteilt. Das dafür benötigte Vieh musste als Naturalsteuer von den Grundbesitzern Unteritaliens geliefert werden.

Gejagt – und gegessen – wurden nicht nur Wildschwein, Hirsch, Kaninchen und Hase, sondern auch Bär und Antilope. Die Jagd war ein Vergnügen der Oberschicht; vielfach auch eine Beschäftigung der Soldaten. Besonders beliebt war das Jagen mit Falken, das die antike Welt aus Indien übernommen hatte. Die Senatsaristokratie pflegte mit Falken und Hunden zu jagen, was die barbarische Oberschicht gerne imitiert hat.

Geschätzt waren auch Fische und Meeresfrüchte; Süßwasserfische wohl höher als Meeresfische. Aus Nordafrika wurden in Amphoren eingelegte gesalzene Fische exportiert. In Spanien und Südfrankreich wurde eine Fischsauce (*garum*) in Großproduktion hergestellt und in Amphoren überall hin exportiert. Zu jeder Villa, später zu jedem Kloster gehörte ein Fischteich. Im klösterlichen Bereich schufen die religiösen Fastenvorschriften einen großen Fischbedarf. Auch Austern, Seeigel und Muscheln wurden gerne gegessen.

Bergbau und Eisenhandwerk

Bedeutend war der spätantike Bergbau vor allem in England und Spanien, auf Elba und Sardinien, in Illyrien, Dalmatien, Mazedonien und Kleinasien. Im 3. Jahrhundert geriet der Bergbau aller Metalle (insbesondere Eisenerz, Kupfer, Zinn, Blei, Silber und Gold) in eine dauerhafte Krise. Zuvor verbreitete hydraulische Fördertechniken im Gold- und Silberbergbau (Ausschwemmen, Wasserheben, Erzpochen), die hohe Investitionen erforderten, wurden aufgegeben. Die Verwendung von wassergetriebenen Hämmern zum Pochen der Erze im spanischen und britannischen Goldbergbau setzt voraus, dass bereits in römischer Zeit die Übersetzung der rotierenden Bewegung des Wasserrads über eine Nockenwelle in eine lineare Auf- und Abwärtsbewegung angewendet wurde.

An der Wende zum 5. Jahrhundert hat die Metallproduktion fast im ganzen westlichen Reichsgebiet aufgehört oder ist – etwa im westgotischen Spanien – auf ein sehr bescheidenes Niveau zurückgefallen. An die Stelle konzentrierter Produktion ist vom 5. bis zum 7. Jahrhundert eine Zersplitterung in viele kleine Betriebe für lokale Bedürfnisse getreten. Wegen Metallknappheit wurden im Ostgotenreich Theoderichs Statuen und Eisenanker alter Bauten eingeschmolzen. Metalle mussten aus den Minen im Osten importiert werden. Der Goldmangel im Westen wird im 6. und 7. Jahrhundert durch die Beeinträchtigung der Zirkulation des Goldsolidus und den Rückgang des Feingehalts langobardischer Goldprägungen fassbar. Im 7. Jahrhundert ist Metallmangel auch in Byzanz belegt. Nach Messungen der Bleipollution in Polareiskernen ist nach einem scharfen Rückgang im 3. Jahrhundert das niedrigste Niveau des Bergbaus in der Zeit von etwa 470 bis 950 anzusetzen, unterbrochen von einem kurzem Aufschwung 750–800. Ähnliches gilt gemäß diesen Messungen für den Kupferbergbau.

Siedlungsverlagerung, Städte und Handwerk

Das spätrömische Reich hat sich auf städtische Zentren gestützt, die das Umland politisch und ökonomisch dominierten. Durch Steuern und Abgaben flossen große Teile der ländlichen Erträge in die Städte, blieben zum Teil dort hängen und wurden zum Teil an den Staat abgeführt. Erst im Laufe des 6. und frühen 7. Jahrhunderts hat der Wandel der städtischen Strukturen die Dominanz der Städte gebrochen. Die Funktion der Städte in der Besteuerung fiel weg. Administrativ behielten aber insbesondere die *civitates*-Hauptorte für das Umland Bedeutung, da in ihnen die Bischöfe, meist die bedeutendsten Landbesitzer, residierten. In Südgallien, Italien und im südlichen und östlichen Spanien blieb auch die landbesitzende Aristokratie in den Städten ansässig. Besonders in Nord- und Mittelitalien behielten die Städte ihre Funktionen als administrative, religiöse und ökonomische Zentren mit Märkten und mit ansässigem Handwerk. Stadtmauern boten der Bevölkerung Schutz, Reichtümer waren hier sicherer gegen Plünderung. In Nordgallien ist die *civitates*-Struktur stark erschüttert worden. In Britannien kam es zur Ruralisierung. Die römische Verteidigung Britanniens brach zusammen, als nach dem Durchbruch der Germanen am Rhein 406 die militärischen Kräfte zur Verteidigung Galliens abgezogen wurden. Jetzt wurde Britannien von den Sachsen überschwemmt. Die Städte verloren fast jegliche Bedeutung als zentrale Orte der Machtausübung und der Verwaltung.

Die Beutezüge der Alamannen über den Rheinlimes hinweg seit 260 haben im Gebiet der heutigen Schweiz zur Zerstörung fast aller Städte geführt. Hier kann beispielhaft auch die Veränderung des ländlichen Siedlungsbildes gezeigt werden. Im Gebiet von der West- bis zur Nordostschweiz sind von den insgesamt rund 350 bekannten römischen Gutshöfen nur gerade 86 von heutigen Siedlungen überlagert worden. Die früher angenommene Kontinuität der Besiedlung im Pariser Becken trifft vielfach nicht zu, sondern in römischer Zeit als Großdomänen genutzte Ländereien sind seit dem 3. Jahrhundert wüst geworden und haben sich wieder bewaldet. Dies führte zugleich zu einer Konzentration der Bevölkerung in den verbleibenden Siedlungen. Ähnliches konnte auch für andere Gebiete Frankreichs nachgewiesen werden. Pollendiagramme zeigen für den Norden Galliens seit 400 die Bewaldung von zuvor als Acker- und Weideland genutztem Boden. Die Aufgabe bebauten Bodens erreicht hier zwischen 450 und 550 ihren Höhepunkt.

Über den trostlosen Zerfall der Städte im Noricum (Gebiete zwischen Italien und der Donau) zu Beginn des 6. Jahrhunderts wird im Heiligenleben des Severin von Eugipp berichtet.

Insgesamt sind aus der Spätantike 287 verschiedene Berufsbezeichnungen bekannt. Diese Vielfalt zeigt die fortgeschrittene berufliche Spezialisierung. Beispielhaft belegen die 588 spätantiken Sarkophaginschriften von Korykos in Kilikien die Gewerbedifferenzierung in einer Stadt des Reiches: Dort sind über 60 verschiedene Berufe vertreten.

Ausgeprägt und technologisch fortschrittlich war die durch staatliche Investitionen beförderte vor allem städtische Bauwirtschaft. Trotz dem Ersatz staatlicher Bauaufträge durch kirchliche ist es im 5. Jahrhundert zu einem scharfen Rückgang der Bauwirtschaft gekommen, wie das Ende des Ziegelbaus nördlich der Alpen anzeigt.

Besonders hoch entwickelt waren die Gewerbe der Töpferei. Die sogenannte Terra sigillata, ein dünnwandiges, rotglänzendes Geschirr, fand im ganzen Reich massenhafte Verbreitung. Die gallische Keramik aus Lyon, La Graufesenque, Lezoux und Rheinzabern dominierte den Markt für Töpferwaren. Das Ende des Gebrauchs der Töpferscheibe im nachrömischen England zeigt beispielhaft auch für dieses Handwerk den Niedergang. Einen hohen handwerklichen Standard hatte die römische Glasbläserei. In der Gegend von Köln entstand ein bedeutendes Zentrum des Glasgewerbes, vor allem aufgrund der dort vorkommenden vulkanischen Mineralien als Ausgangswerkstoff. Diese Glasproduktion verfiel im 6. Jahrhundert. Diese Beispiele zeigen auch im Bereich des Handwerks die Veränderungen am Übergang zum Mittelalter.

Handel und Verkehrswege

Sichere Verkehrswege zu Land und zu Wasser hatten in spätrömischer Zeit den Austausch von Gütern über kurze und weite Strecken ermöglicht. Das römische Straßennetz aus gepflasterten Fernstraßen und zahlreichen Nebenstraßen und Wegen bildete ein durchstrukturiertes Kommunikationssystem mit Post- und Pferdewechselstationen, das in der Spätantike allerdings nicht mehr hinreichend gepflegt wurde. Während die Straßen von Byzanz nach Persien, zur Donau und nach Italien aus militärischen Gründen noch im 6. Jahrhundert gut unterhalten wurden, sind die Investitionen nach der Zeit Justinians (527–565) selbst hier versiegt. Die Landverbindungen durch den Balkan wurden durch die Besetzung der unteren Donaugebiete durch die Bulgaren im 7. Jahrhundert unterbrochen. Auch die Sicherheit der Straßen nahm bei zunehmenden räuberischen Überfällen ab.

Die großen Landverkehrsachsen der Römerstraßen im Westen blieben auch im Frühmittelalter stark begangen. Die Pässe über die Alpen waren im Winter mit Schlitten befahrbar, im Sommer sind für den Warenverkehr karrengängige Pässe zu unterscheiden von bloß mit Packtieren begehbaren. Während die Packtiere Lasten bis zu 120 kg trugen, konnten die meist einachsigen Karren größere Lasten aufnehmen. Nach dem Preisedikt Diokletians aus dem Jahr 301 durfte ein von zwei Ochsen gezogener Karren allerdings nur mit 200 bis 400 kg beladen werden, der Durchschnitt lag bei 260 kg. Die schnelleren Pferde und Maultiere konnten wegen ihrer geringen Größe und wegen der ungünstigen Bauweise der Karren keine großen Lasten ziehen; den Pferden fehlte zudem der Hufbeschlag. Nach dem Codex Theodosianus sollte ein Pferdegespann höchstens Lasten von 1500 römischen Pfund (490 kg) ziehen. Karren konnten den Julier- und den Septimerpass benutzen. Nur für Saumtiere taugten der Splügen und wohl auch der Große St. Bernhard, die kürzeste Verbindung von Italien an den Rhein und nach Gallien. Vom Großen St. Bernhard aus erreichte man den Rhein streckenweise auf dem Wasser des Genfersees und der Aare, Teilstrecken auf dem Wasser erleichterten auch den Transport von den Bündnerpässen über Walensee und Zürichsee zum Rhein. Im Westen führte der Mont Cenis und der kleine St. Bernhard vom Aostatal ins Tal der Isère, von Turin der Montgenèvre nach Briançon. Der Simplon vom Lago Maggiore nach Lyon wurde wegen der steilen Gondoschlucht weniger genutzt. Die Bernsteinstraße von Italien zur Donau und bis ins Baltikum, die die Alpen östlich umging, verlor schon im 4. Jahrhundert an Bedeutung. Die Pässe in den Ostalpen nach Pannonien wurden nach den Eroberungen der Slawen und Avaren im 6. Jahrhundert kaum mehr begangen. Die Baiern kontrollierten den Zugang zum Reschenpass und zum Brenner, dem teilweise karrengängigen, niedrigsten und deshalb ganzjährig offenen Pass des Alpenhauptkamms. Im Süden und Osten des Reiches ist schon im 6. Jahrhundert beim Warentransport ein Übergang von Karren zu Packtieren festzustellen, der sich im fränkischen Reich erst im 8. oder 9. Jahrhundert durchsetzte. Dieser Wandel hängt damit zusammen, dass im Fernhandel Warentransporte über weite Strecken zurückgingen.

Schiffbare Flüsse bildeten ein Rückgrat des Verkehrssystems. Rhône, Rhein und Donau waren Hauptachsen. Transporte zu Wasser haben im Frühmittelalter zugenommen. Aufgrund der politischen Wirren in Italien haben im 6. und zu Beginn des 7. Jahrhunderts die Verbindungen vom Po über die Alpen zum Rhein an Bedeutung eingebüßt. Die wichtigsten Verbindungen führten nun vom Rhônetal zum Mittelmeer und zu Schiff an der Küste nach Italien. Die Küstenschifffahrt nahm aufgrund des sich verschlechternden Zustands der Fernstraßen zu. Während des 7. und 8. Jahrhunderts wurden die Schweizer Passstraßen und das Rheintal dann wieder zur Hauptachse zwischen Italien und dem Frankenreich.

Die Anzahl der Schiffe auf dem offenen westlichen Mittelmeer, das im Winter von November bis März kaum befahren wurde, verringerte sich, da im Westen aufgrund des Bevölkerungsrückgangs weniger Waren transportiert wurden. Viele Schiffe beförderten für den Staat noch im 5. und 6. Jahrhundert Agrargüter (v. a. Getreide und Olivenöl) aus Ägypten und Afrika, die als Naturalsteuern erhoben wurden, in die Großstädte des Reiches und zum Unterhalt der Armee. Zur Zeit Kaiser Justinians wurden aus dem Hafen von Alexandria jährlich rund 160 000 Tonnen Getreide nach Konstantinopel verschifft. Der Staat unterstützte Schiffbauer und Schiffer in vielfältigen Formen, was auch der privaten Handelsschifffahrt diente.

Durch die Eroberungen der Vandalen gingen die Exportprovinzen von Korn und Olivenöl in Nordafrika für das Reich verloren und damit eine Grundlage für die Ernährung Roms, dessen Bevölkerung sich in der Zeit von 300 bis 530 von 800 000 auf 60 000 Seelen verminderte. Nicht mehr als Steuererträge, sondern im Handel mussten nun die afrikanischen Waren erworben werden. Nach der Zerschlagung des Vandalenreichs durch Justinian wurden die Steuerlieferungen wieder aufgenommen. Der Export nordafrikanischer Terra sigillata hat seit dem 5. Jahrhundert abgenommen und ist im 7. Jahrhundert zum Erliegen gekommen. Im 5. Jahrhundert endete die Produktion von gesalzenen Fischen Nordafrikas (Marokko), die in Amphoren ins gesamte Mittelmeergebiet exportiert worden waren. Papyrus, einst ein billiger Beschreibstoff, wurde in Gallien im 7. Jahrhundert rar. Im 5. Jahrhundert wurden Importe aus Afrika in den französischen Häfen von Marseille, Arles und Nizza durch Waren aus Kleinasien und aus der Levante ersetzt; nach dem Ende des Vandalenreichs gelangten Güter Nordafrikas bis ins ausgehende 7. Jahrhundert wieder nach Marseille.

Im westlichen Mittelmeer verloren die Routen über offene See ihre Bedeutung; sie wurden durch Küstenschifffahrt ersetzt. Das Zentrum der Hochseeschifffahrt verlagerte sich ins östliche Mittelmeer. Im Jahr 617 versetzte die Eroberung Alexandrias durch die Perser der *annona*-Schifffahrt den Todesstoß. Im folgenden Jahr endete die Verteilung von öffentlichem Brot in Konstantinopel. 641 fiel Alexandria, wenig später das Hinterland von Karthago in die Hände der Araber. Das Ende der staatlich gestützten *annona*-Flotte beeinträchtigte auch die Handelsflotte. Fernverbindungen verloren an Bedeutung, die Handelsschifffahrt wurde kleinräumig und lokal. Die Handelsrouten für Gewürze hingegen umspannten für damalige Verhältnisse die ganze Welt – sie reichten nach Arabien, Persien und bis nach Indien, auf dem Skythenweg und der Seidenstraße sogar in die Mongolei und bis nach China.

Insgesamt verlief die wirtschaftliche Entwicklung im römischen Reich in der Zeit von 300 bis 700 negativ, wenngleich dieser generelle Niedergang für einzelne Bereiche, Gebiete und Zeiträume zu nuancieren ist. Im 5. und 6. Jahrhundert finden sich vor allem im Osten noch einige wirtschaftlich blühende Regionen. Regionale Unterschiede und einzelne Phasen der Erholung ändern aber das Gesamtbild nicht. Die Wirtschaft, die das römische Reich erhalten hatte, brach durch langfristigen Niedergang und eine Reihe einzelner politischer und militärischer Rückschläge bis zum Ende des 7. Jahrhunderts zusammen.

Wirtschaft der Barbaren

Zuunterst in der gesellschaftlichen Hierarchie standen auch bei den Germanen die Sklaven. Die Barbarenzüge ins Reichsgebiet waren verbunden mit der Verschleppung und Versklavung von Provinzialrömern. Bei Kriegen untereinander haben die Barbaren auch ihre Gegner versklavt und teilweise an römische Sklavenhändler verkauft. Das Kriegertum der Germanen wurde nur dadurch möglich, dass die Arbeitskraft der Sklaven die Landwirtschaft aufrechterhielt. Die zahlenmäßig bedeutendste Schicht waren die Freien. Innerhalb dieser Schicht gab es Unterschiede des Reichtums. In einer archäologisch erforschten Germanensiedlung bei Wesermünde konnten einzelne Häuser 32 Rinder aufnehmen, andere höchstens zwölf. Die Unterschiede zwischen reichen und armen Freien hielten sich aber in engeren Grenzen als bei den Römern. Sie haben seit dem 1. Jahrhundert zugenommen, und zwar aufgrund der Kontakte zur römischen Wirtschaft, die die Akkumulation von Reichtum in Form von Goldstücken, Schmuck und Luxusgütern ermöglichten.

Charakteristisch für die Wirtschaft der Germanen war die Verbindung von Viehzucht mit Weidewirtschaft und Ackerbau. Die Ernährung basierte nördlich der Alpen viel stärker auf der Viehwirtschaft. Statt Brot dominierte hier Fleisch, statt Wein Milch und Bier, statt Olivenöl Butter und Schmalz. Das wichtigste Getreide war der Roggen, erst an zweiter Stelle kam der Weizen und schließlich der Hafer. Auch Hülsenfrüchte wurden angebaut. Bei den Alamannen, die schon in der Völkerwanderungszeit vor allem vom Ackerbau lebten, wurde Gerste und Hafer angebaut; an dritter Stelle stand der Dinkel. Daneben sind auch Nacktweizen, Einkorn, Emmer und Roggen nachgewiesen. Das Übergewicht der Gerste ist aus der Bevorzugung des Sommerfeldbaus und aus der großen Bedeutung des Biers in der Ernährung zu erklären. Bis zur Merowingerzeit ging das Vorherrschen der Gerste zurück. Die wichtigsten Getreide waren jetzt Hafer, Dinkel und Nacktweizen. Wichtig war die Pflanzung von Hülsenfrüchten, vor allem von Linsen.

Die Werkzeuge der Germanen waren recht einfach: Gebräuchlich war der einfache Hakenpflug, ganz aus Holz, nur gerade die Schar mit Eisenblech verkleidet. Obwohl kein einziger Beetpflug mit Streichbrett, also ein Pflug, der die Schollen umwendet, nachgewiesen werden kann, ist aufgrund von Untersuchungen von Pflugspuren in den Fluren die These aufgestellt worden, dass auch solche Pflüge verwendet wurden. Auch das Werkzeug für die Getreideernte, die Sichel, entspricht dem römischen Standard. Die Kelten sollen daneben für den Grasschnitt auch noch die Sense verwendet haben. Gemahlen wurde das Getreide hauptsächlich in Handmühlen. Zwischen Elbe und Rhein übernahmen die Germanen von römischen Vorbildern auch die durch Tiere betriebene Drehmühle.

Während viele Arbeiten im Zusammenhang mit Getreidebau und Getreideaufbereitung von Frauen besorgt wurden, konzentrierten sich die Männer auf die Viehzucht. Reichtum und sozialer Status eines Germanen bemaßen sich an der Zahl der Rinder, die er besaß. Auch Schweine, Schafe, Ziegen und Pferde wurden gezüchtet. Entgegen früherer Meinungen stammte der Hauptteil des Fleisches aus der Tierzucht, nicht aus Jagdbeute. In archäologisch untersuchten Germanensiedlungen machen Wildtiere unter den gesamten Tierknochen nie mehr als 8% aus, die Knochen der Zucht- und Haustiere erreichen im Durchschnitt 97%. In frühalamannischer Zeit dominierte das Rind in der Ernährung; aber das Schwein erreichte schon einen hohen Anteil. Schaf und Ziege spielten hingegen eine geringere Rolle.

Die Gesundheit der Rinderherden wurde bewusst gefördert, indem die Hälfte der Tiere jung – unter drei Jahren – geschlachtet wurde; die andere Hälfte, Milch und Kälber produzierende Kühe, mit zehn Jahren. Etwa ein Viertel der Schweine wurde schon einjährig geschlachtet, ein weiteres Viertel zweijährig, die meisten übrigen dreijährig. Das Vieh war im Vergleich zu heute von kleiner Gestalt. Die Bevorzugung kleinerer Exemplare für die domestizierte Viehhaltung, aber auch unzureichende Fütterung führten zu immer kleineren Rindern. Auch das Gewicht der Tiere war deutlich geringer: Durchschnittlich erreichten die Schweine nur ein Gewicht von 50 bis 55 kg, ein Schaf brachte nur etwa 25 bis 30 kg verwertbares Fleisch.

Das Handwerk der Germanen war unentwickelt. Die Gebrauchskeramik, wahrscheinlich von Frauen hergestellt, wurde ohne Drehscheibe aus der freien Hand gearbeitet. Die Gefäße wurden nicht in Brennöfen, sondern auf Holzfeuern gebrannt. Frauen betrieben auch die textilen Handwerke. Der einzige handwerkliche Bereich mit höherem Prestige war die Metallbearbeitung, die eine reine Männerdomäne war. Das Metall wurde in kleinen Öfen ausgeschmolzen, die die erforderlichen 1300 bis 1600 °C erreichten, aber nur etwa einen Liter eisenhaltige Mineralien auf einmal aufnehmen konnten. Darin war die Technik der Germanen derjenigen der Römer weit unterlegen. Insgesamt ist aber das Metallhandwerk kein Beispiel für die technische Überlegenheit Roms. Roheisen wurde von den germanischen Schmieden zu hervorragendem Stahl verarbeitet. Durch die Kombination elastischen und gehärteten Stahls gelang die Herstellung von Schwertern, die den römischen Produkten qualitativ überlegen waren. Aber diese Spitzenstücke waren selten. Da Gewinnung und Verarbeitung des Eisens derart aufwändig war, blieb Eisen selbst in der Waffentechnik rar. Lange zweihändige Schwerter waren selten; man bediente sich der kurzen Einhänder, die weniger Metall brauchten; die Lanzen waren oft nur an der Spitze mit Eisen beschlagen; bei den hölzernen Schilden trug nur der zentrale Buckel Eisenbeschlag.

Im Unterschied zu den Römern dienten Handwerk und landwirtschaftliche Produktion praktisch nur dem Eigenbedarf. Die Güterzirkulation innerhalb der germanischen Gebiete beruhte weitgehend nicht auf Handel, sondern auf einer Ökonomie von Gabe und Gegengabe oder der Beute. Beutezüge zwischen den einzelnen Stämmen und innerhalb der Stämme zwischen den einzelnen Sippen richteten sich auf den Erwerb von Vieh und Sklaven. Fernhandel spielte nur eine ganz untergeordnete Rolle. Selbstverständlich sind die Barbaren nicht völlig von der römischen Zivilisation isoliert geblieben. Besonders in den Grenzgebieten waren die Kontakte schon seit dem 1. Jahrhundert recht intensiv. Dies trifft vor allem auf die Germanen entlang des Limes zu. Hier zeigen die archäologischen Funde, dass römische Produkte verbreitet waren. Auch weiter nördlich, jenseits der Oder finden sich in den Gräbern römische Luxusprodukte. Umgekehrt lieferten die Germanen den Römern Sklaven, Vieh, Felle, Tierhäute und Bernstein.

II. Vom 7. zum 9. Jahrhundert: ein erster Aufschwung

Zentral für die folgende Zeit sind Entwicklungen im Gebiet der Franken. Durch den Verlust der nordafrikanischen Gebiete und seit 711 selbst der Iberischen Halbinsel an den Islam, durch die Distanzierung des Papsttums von Byzanz und durch die Zusammenarbeit zwischen Papsttum und fränkischen Herrschern, die sich im Verlaufe des 8. Jahrhunderts herausbildete, hat sich der politische Schwerpunkt nach Norden zu den Franken verschoben. Abgeschlossen wurde diese Entwicklung mit der Kaiserkrönung Karls des Großen durch Papst Leo III. im Jahre 800.

Im Frühmittelalter hat die Bedeutung der städtischen Bevölkerung stark abgenommen. 90% oder mehr der Bevölkerung war im landwirtschaftlichen Sektor tätig. Dennoch war die fränkische Zeit nur sehr bedingt auch bäuerlich bestimmt. Soziales Ansehen verliehen vor allem kriegerischer Erfolg samt Beute, daneben auch die Geburt.

Man hat immer wieder behauptet, körperliche Arbeit, die in der Spätantike durch die Oberschicht als verächtlich eingestuft war, habe durch die Kirche eine neue Wertschätzung erfahren. In der dafür angeführten Benediktsregel ist tägliche Handarbeit der Mönche aber nur in moralisch präventivem Sinn zur Abwehr des Müßiggangs als Feindin der Seele und als eine Übung der Demut vorgesehen. In den Heiligenleben des 6. bis 8. Jahrhunderts wird Handarbeit der Heiligen als Bußübung dargestellt. Nur in einer Gesellschaft, die die körperliche Arbeit ganz negativ einschätzte, konnte das *ora et labora* zu einem Ideal mönchischer Demut, Buße und Askese werden, das die demütigende Handarbeit heiligte.

Haupttypen der Organisation des Großgrundbesitzes

In eingeschränkter Bedeutung bezieht sich der deutsche Begriff der klassischen Grundherrschaft auf eine besondere Ausprägung der Organisation und Betriebsführung des Großgrundbesitzes, die auch als Domanialwirtschaft oder als Villikation bezeichnet wird. Die Hauptelemente sind:

- Die *villa*, die aus einem Grundstückskomplex von einigen hundert bis zu mehreren tausend Hektar Ackerland, Weideland, Wald, Spezialkulturen wie Reben und Gärten besteht.
- Diese *villa* gehört einem einzigen Grundherrn, der daneben noch weitere gleichartige *villae* besitzt.
- Die *villa* ist zweiteilig strukturiert. Sie besteht aus direkt bewirtschaftetem Herrenland, auch Salland genannt, und aus abhängigen Bauernstellen, in den Quellen lateinisch *mansi*, deutsch Hufen oder Huben. Das Herrenland liegt in großen Blöcken von zahlreichen Hektar in der Flur.
- Den Kern des Systems bildet die Verschränkung von Herrenland und Bauernstellen durch die Frondienste. Das Herrenland, dessen Erträge ganz an den Herrn fallen, wird in großem Umfang durch die Frondienste der Bauern bebaut, die auf den Hufen angesiedelt sind. Die Größe des Herrenlandes muss in einem Gleichgewicht zur Zahl der Bauernstellen gehalten werden. Veränderungen auf der einen Seite des gleichgewichtigen Systems bedingen auch Veränderungen auf der anderen Seite.

Die Entstehung dieses besonderen Typus der Grundherrschaft war lange umstritten. Gegen eine direkte Herleitung von der römischen *villa* spricht, dass der klassische Typus gerade in jenen Gebieten, in denen die römische *villa* in gallo-römischer Zeit am stärksten verbreitet war, also in der Provence und in Septimanien, im 9. Jahrhundert noch fehlt. Im Ursprungsgebiet der klassischen Grundherrschaft sind Anfänge seiner Ausbildung seit dem 7. Jahrhundert fassbar, voll ausgeprägt lässt er sich erst zu Beginn des 9. Jahrhunderts im mittleren Seinegebiet nachweisen und strahlt dann von hier aus nach Nordostfrankreich, in die Picardie, in das Hennegau bis an die flandrische Südgrenze und ins südliche Brabant sowie nach Lothringen und ins Elsass, im Osten Richtung Burgund. Im Kerngebiet war die Bodenbeschaffenheit – Kalkplateaus mit Lössböden – besonders gut für den Getreidebau geeignet. Die Entstehung des klassischen Systems dürfte demnach mit der Zunahme des Getreidebaus zusammenhängen. Zudem herrschte in diesem Gebiet die Besiedlung in dorfähnlichen Gruppen vor. Damit waren genügend Arbeitskräfte für die Frondienste auf dem Herrenland vor Ort.

Die frühere merowingische *villa* unterscheidet sich in mehreren Punkten von diesem klassischen System:

- Sie ist insgesamt kleiner.
- Sie ist viel weniger auf Getreidebau ausgerichtet, verfügt entsprechend über weniger Ackerland und über mehr Wald.
- Das direkt bewirtschaftete Herrenland ist im Verhältnis zur Anzahl der Bauernstellen viel größer.
- Die direkte Bewirtschaftung wird durch am Herrenhof gehaltene Arbeitersklaven besorgt, nicht durch Frondienste abhängiger Bauern.

Die Frondienste der Bauern waren in der Merowingerzeit auf die sogenannte *riga* beschränkt. Darunter sind alle anfallenden Arbeiten auf einem dem Bauern zugeteilten kleinen Stück Herrenland zu verstehen, dessen Erträge ganz an den Herrn fallen. Diese Fronarbeit blieb für persönlich freie Bauern innerhalb des Großgrundbesitzes bis zum Beginn des 8. Jahrhunderts die Einzige. Dann erfolgte im Zusammenhang mit einer Umstellung der Betriebe des Großgrundbesitzes die Einführung neuer Frondienste. Sklaven und Kolonen wurden mit neu geschaffenen Bauerngütern ausgestattet. Dies war nur durch Rodung neuer Anbauflächen möglich. Dadurch wurden die Waldungen der *villae* stark verkleinert zugunsten einer Ausdehnung der Ackerflächen. Durch Zurodung wurde gleichzeitig auch das Herrenland vergrößert.

Nach dieser in der Forschung breit aufgenommenen Hypothese vermittelt also im Kerngebiet der klassischen zweiteiligen Grundherrschaft zwischen der merowingischen *villa* und dem klassischen System eine ausgedehnte Binnenrodung. Durch Rodung wurde die Existenzgrundlage für eine zahlreichere Bauernschaft geschaffen, die nun in Form vermehrter Frondienste das Herrenland mit zu bebauen hatte. Neuere Forschungen bestätigen, dass die Rodung im Kerngebiet des klassischen Systems im Vergleich zu anderen Gebieten im 7. und 8. Jahrhundert intensiver gewesen ist. Dennoch bleibt die Frage, warum sich dieses System nicht auch in anderen Gebieten, wo gerodet worden ist, früh herausgebildet hat. Die Antwort liegt wahrscheinlich in der besonderen politischen Stellung, die das Kerngebiet innehatte: Es ist zugleich das Kerngebiet der fränkischen Besiedlung im 6. bis 8. Jahrhundert im Gefolge der fränkischen Landnahme. Hier entstanden die dichtesten fränkischen Niederlassungen. Und es ist das Kerngebiet des merowingischen und karolingischen Königtums. Hier besaßen die Merowinger nach der Landnahme umfangreiche Güter, die sie an ihre Anhänger und Getreuen verteilten. Bei der Übernahme der Güter durch die fränkische Oberschicht entstanden dann auch die fränkisch dominierten Siedlungen aus deren Leuten. Die konzentrierte Ansiedlung in einem relativ beschränkten Gebiet bedingte die starke Rodungstätigkeit. Besonders wichtig für die Herausbildung des neuen Systems war es, dass die fränkischen Herren aus der Umgebung des Königs über das Gebotsrecht des sogenannten *bannum* verfügten. Dies war die rechtliche Grundlage für die Verpflichtung der Bauern zu neuen Frondiensten. Die Herren waren in der Lage, die abhängigen Bauern zur Bewirtschaftung relativ großer Salländereien durch neue Frondienste zu zwingen.

Die Ausdehnung der Frondienstpflichten ist zuerst auf Königsgut und erst danach auf Kirchengütern erfolgt. Während die Frondienste zuerst von Kolonen und Sklaven differenziert nach ihrem Stand verlangt wurden, sind sie später auf die Güter gelegt worden. In den Güterverzeichnissen des 9. Jahrhunderts werden sie von den einzelnen Bauernstellen, den *mansi*, gefordert, wobei nun die *mansi* selbst als freie (*ingenuiles*), unfreie (*serviles*) oder minderfreie (*lidiles*) bezeichnet werden. Die Güter haben also ständische Qualität angenommen – und sie behalten diese Qualität mit den damit verbundenen unterschiedlichen Abgaben und Diensten auch dann, wenn der Inhaber anderen

Standes ist. Die *mansi* wurden schon im 9. Jahrhundert zu bloßen Hebeeinheiten.

Der *mansus* ist wahrscheinlich im 7. Jahrhundert in der Pariser Region entstanden und hat sich von da allmählich ausgebreitet in jene Gebiete, in denen auch die neuen Frondienste zuerst aufgekommen sind. Beide für die Herausbildung des klassischen Domanialsystems wichtigen Elemente konnten sich hier verbinden. Der *mansus* wird jedoch auch zurückgeführt auf das römische *jugum*, die Bemessungsgrundlage für die Steuern im Umfang einer Fläche, die mit einem Ochsengespann bebaut werden kann, bzw. auf den gallo-römischen Begriff *colonica* für den bäuerlichen Familienbetrieb. Der Befund in den Quellen zeigt jedoch enorme Größenunterschiede der *mansi*: Im Polyptychon (Güterverzeichnis) von Saint-Germain-des-Prés aus dem ersten Drittel des 9. Jahrhunderts geht die Streuung von 0,25 bis zu 17 ha, also bis zum 68-Fachen. Die *mansi* der Abtei Lobbes im Hennegau variieren von 15 bis 38 ha. Für diese Größenunterschiede hat man bisher keine überzeugende Erklärung finden können. In derselben Grundherrschaft und oft am selben Ort waren die Inhaber von *mansi* unterschiedlicher Größe zu Abgaben und Diensten in gleicher Höhe verpflichtet. Der Begriff *mansus* ist zunächst nicht überall im westfränkischen Reich durchgedrungen. Im Süden fehlt er im Polyptychon von Saint-Victor in Marseille (um 813/14), in dem die Bauerngüter als *colonica* bezeichnet werden. In der Provence erscheint das Wort *mansus* erst am Ende des 10. Jahrhunderts. In den Quellen der ostfränkischen Abtei Lorsch kommt um 800 das Wort *mansus* vor, bedeutet hier aber eingeschränkt die Hofstatt des Wohngebäudes, also die *mansio*. Im 7. Jahrhundert erscheinen in den althochdeutschen Texten die Begriffe *huba*, *hof*, etymologisch mit ‹haben› zu verbinden, in den altenglischen Texten *have* und *hide*. Der angelsächsische Mönch Beda Venerabilis definierte diese *hide* im 7. Jahrhundert als Gut einer Familie.

Die Herausbildung des klassischen Systems kann auch analysiert werden als Konsolidierung angesichts der Probleme der Sklavenwirtschaft. Der Rückgang der Sklaverei stellte das Problem des Arbeitskräftemangels. Eine Lösung bot die Vermehrung abhängiger Bauernstellen, die gleichzeitige Vermehrung der Frondienste und die Verschränkung der Bauernstellen über die Frondienste mit dem zu bewirtschaftenden Herrenland.

Im Verlauf des 9. Jahrhunderts haben sich die Hauptzüge des Systems in weitere Gebiete ausgebreitet, so bis nach Flandern, nach England, ins Ostfrankenreich und ins langobardische Italien. In reiner Ausprägung blieb das System aber zunächst auf Neustrien, Austrasien und Burgund beschränkt, da seine Durchsetzung (insbesondere der Frondienste) sich auf starke Zwangsmittel stützen musste. Selbst in Burgund konnte der klassische Typus anscheinend nur schwer verwirklicht werden. Es gab hier nur geringe Frondienstverpflichtungen der *mansi*, nämlich im Allgemeinen nur drei Tage im Jahr, nicht in der Woche. Das Herrenland wurde hier noch im 10. Jahrhundert in der Regel nicht durch Frondienste bewirtschaftet, sondern von zentral wohnenden Sklaven. In vielen Gegenden Europas findet sich das bipartite System auch später nicht, so in Portugal, Ostelbien, Friesland, oder es ist nur schwach vertreten, so etwa in Mittelitalien, Südfrankreich, Böhmen.

Schon in merowingischer Zeit ist es zu einer ungeheuren Ballung von Besitz etwa in der Hand der Kirche gekommen. Aus dem Testament des Bischofs Bertechramnus von Le Mans aus dem Jahr 616 geht hervor, dass sein Besitz mehr als 300 000 Hektar Grund und Boden umfasste. Die Größe karolingischer Grundherrschaften war sehr unterschiedlich und reichte von relativ kleinen, nur wenige *villae* umfassenden Einheiten bis zu riesigem Besitz. Dazu ein paar Beispiele: Die Abtei Saint-Germain-des-Prés bei Paris besaß zur Zeit Karls des Großen mehr als 30 000 Hektar Land. Jener Teil, der in dem unvollständigen Polyptychon des Abtes Irmino verzeichnet ist, umfasste eingeteilt in 25 *villae* neben Herrenland insgesamt rund 2000 Bauerngüter (*mansi*), von denen pro Jahr allein an Frondiensten 150 000 Arbeitstage gefordert werden konnten, eine Arbeitskräftereserve, die natürlich nicht völlig ausgeschöpft werden musste. Dies war aber keineswegs die größte Grundherrschaft dieser Zeit. Zur Abtei St. Gallen gehörten ebenso wie zum Kloster Lorsch und zum Kloster Weißenburg etwa 4000 abhängige

Bauerngüter, zur Abtei Gandersheim sogar 11 000, zur Abtei Fulda 15 000.

Der klassische Typus der *villa* ist keineswegs der häufigste. Neuere Forschungen haben gezeigt, dass die Grundvoraussetzungen dafür eher selten waren. Selbst der einheitliche Besitz eines einzigen Grundherrn an einer ganzen *villa* war die Ausnahme. Wenn auch das klassische System vielleicht oft angestrebt wurde, so war dieses auf einem Gleichgewicht von Herrenland und abhängigen Bauernstellen beruhende Modell angesichts der ständigen Veränderungen des Besitzstands kaum rein zu verwirklichen. Schon ein Edikt Karls des Kahlen von 864 beklagt, dass die Kolonen von den ihnen zur erblichen Nutzung überlassenen Gütern Teile anderen Leuten verkauften, so dass die *villae* durcheinander gebracht und zerstört würden und man nicht mehr wissen könne, welche Landstücke zu den einzelnen *mansi* gehörten. Bei erblich gewordenen Nutzungsrechten konnten die Grundherren Liegenschaftshandel der Bauern nicht mehr unterbinden. Dies kann einen Teil der Größenunterschiede der *mansi* erklären. Auch in Grundherrschaften, in denen einzelne *villae* nach dem klassischen Modell funktionierten, kamen in anderem Grundbesitz andere Systeme zur Anwendung.

Neben dem klassischen Typus sind im Frankenreich vor allem zwei andere Typen verbreitet gewesen. Der eine ist vor allem im Polyptychon von Saint-Victor von Marseille von 813/14 belegt. Hier wird das Herrenland überhaupt nicht genannt, entsprechend fehlen auch Frondienste für dessen Bewirtschaftung. Die Bauern zahlen einige Naturalabgaben für die Nutzung von Wald und Weide, scheinen im Übrigen ihre Güter aber im Teilbau innezuhaben, d. h. sie müssen einen festen Anteil der Erträge (*taxa*), nämlich etwa ein Zehntel der Ernte, an die Kirche von Marseille abgeben. Dieses Teilbausystem war in den südfranzösischen Grundherrschaften recht verbreitet. Es scheint an gallo-römische Vorbilder angeknüpft zu haben. Im Norden Frankreichs findet sich ein weiterer Typus, der im 7. Jahrhundert in der Abtei Saint-Martin von Tours, im 9. Jahrhundert in der Auvergne (Abtei Mauriac) und in Nordburgund (Abtei

Montierender) belegt ist. Auch bei diesem Typus gibt es praktisch keine Frondienste; Abgaben sind vor allem in Getreide (*agrarium*) und in Holz (*lignaticum*) zu liefern. Anders als beim Teilbau werden feste Abgabemengen verlangt. Dieses System wird in direkter Linie auf die Staatsdomänen der spätrömischen Zeit zurückgeführt. Diese seien in die Hände der Kirche und einiger Mächtiger gefallen. Der Herr tritt bei diesem Typus den Bauern als reiner Grundrentner entgegen, er fordert nur Abgaben, keine Frondienste, da er kein Salland bewirtschaftet. Zu diesen drei Haupttypen kommt ein vierter, bei dem das Salland stark überwiegt und direkt durch den Herrn unter Einsatz von zentral gehaltenen Sklaven bewirtschaftet wird. Bei diesem Typ dient die nur geringe Zahl von Bauernstellen meist zur Versorgung freigelassener Sklaven.

Auch wenn die Quellen für grundherrschaftlich gebundene Güter viel günstiger sind, sollte immer bedacht werden, dass die meisten Bauern kleine freie Eigentümer ihres Bodens waren. Selbst im Gebiet zwischen Seine und Rhein, in dem sich die klassische Grundherrschaft am stärksten durchgesetzt hat, waren mehr als die Hälfte der Bauern freie Landeigentümer. In Katalonien und Kastilien dominierten sie völlig.

Geringe Erträge und drohende Mangelkrisen

In der Diskussion über die erzielten grundherrschaftlichen Erträge haben Angaben zu einem Königsgut in Annapes eine große Rolle gespielt. Nach dem Wortlaut der Quelle waren die Erträge niederschmetternd: Einer Aussaat von 720 Scheffel Dinkel entsprach nur eine Ernte von 1328 Scheffeln, also nur ein Nettoertrag von 608 Scheffeln. Das Saat-Ernte-Verhältnis betrug 1:1,85; für ein gesätes Korn erntete man 1,85 Körner. Die Erträge bei anderen Getreidesorten sind noch schlechter. Solche Erntemisserfolge wären nicht lange zu verkraften gewesen. Deshalb wurde Verschiedenes gegen diese Zahlen eingewendet: Hier müsse es sich um ein ganz schlechtes Jahr handeln; der Text sei anders zu verstehen, der Ertrag sei doppelt so hoch anzunehmen; es handle sich um Nettozahlen, von den Bruttoerträgen sei schon ein erheblicher Teil abgezogen; es würden die von der vergangenen Ernte noch vorhandenen Restmengen und die zur Aussaat vorgesehenen Mengen in Beziehung gesetzt. Man rechnet daher eher mit einem Verhältnis von 1:4 oder gar 1:5. Auch dies wäre, verglichen mit modernen Zahlen von 1:20 bis 1:30, verzweifelt wenig. Anderseits zeigt etwa das Polyptychon von San Tommaso di Reggio Emilia aus dem 10. Jahrhundert auch geringe Erträge von 1:1,7 bis 1:3,3. Auf den Gütern der oberitalienischen Klöster Bobbio und Santa Giulia in Brescia wurden Verhältnisse von 1:2 bis 1:3,25 erzielt.

Bei so geringen Erträgen, einer kaum ausreichend zu realisierenden Vorratshaltung und bei den beschränkten Möglichkeiten des Transports von Massengütern in Mangelgebiete sind Mangelkrisen zu erwarten. Tatsächlich fallen in die zweite Hälfte des 8. Jahrhunderts sechs bedeutende Hungersnöte und zwölf weitere ins 9. Jahrhundert. Dazu kamen viele regionale Hungerkrisen. Im 9. Jahrhundert wird Hunger in 26 Jahren, also jedes vierte Jahr erwähnt, in Nordfrankreich jedes siebte Jahr. Den Hungersnöten, insbesondere jener von 792/93, versuchte Karl der Große dadurch zu begegnen, dass er zum Schutz der Armen Höchstpreise für Getreide erließ und anordnete, dass königliche Gutsbetriebe ihre Erträge noch unter diesen verkaufen sollten. Auch Brotpreise wurden vorgeschrieben. Den Herren befahl er, für ihre Leute zu sorgen, seien es Freie oder Sklaven. Jeder Bischof, jeder Abt, jede Äbtissin solle bis zur Ernte je vier Notleidende ernähren: ein Tropfen auf den heißen Stein. Im Zusammenhang mit der Hungersnot von 779 hat Karl der Große wahrscheinlich sogar von den Geistlichen ein obligatorisches Almosen zugunsten der Notleidenden eingefordert, also eine Art Fürsorgesteuer erhoben. Anlässlich einer anderen Hungersnot verbot er im Jahr 806, Getreide und Wein bei der Ernte günstig zu kaufen und dann zu horten, um sie später teurer wieder zu verkaufen. Bischöfe, Äbte, Äbtissinnen, Amtleute und Grafen, deren Lehnsnehmer und alle, die ein königliches Lehen oder eines der Kirche zu Besitz hätten, müssten die zugehörigen Leute ernähren und dürften nur die verbleibenden Überschüsse zu festgelegten Höchstpreisen verkaufen.

Den Polyptycha kann man entnehmen, dass in einigen Domänen auf dem Herrenland Winter- und Sommergetreide angebaut wurde: Als Wintergetreide begegnen Roggen, Weizen, Dinkel, Gerste, als Sommer- oder Frühlingsgetreide vor allem Hafer, daneben einige Hülsenfrüchte. Allerdings wurde gemäß den meisten Belegen sehr viel weniger Frühjahrsgetreide als Wintergetreide gesät. Von diesen Belegen dreijähriger Rotation lässt sich deshalb nicht auf Dreifelderwirtschaft schließen, bei der in jedem Jahr zwei etwa gleich große Flächen mit Sommer- und Wintergetreide eingesät und eine dritte gleiche Fläche brach gelassen wurde. Dies trifft für die meisten karolingischen Belege nicht zu. Ein in diesem Sinne ausgeglichenes System ist für Domänen der Abtei Saint-Amand klar belegt. Gemäß einer Urkunde des Klosters St. Gallen von 763 war ein Bauer zum dreimaligen Pflügen in der Abfolge Wintergetreide, Sommergetreide, Brache auf dem Salland eines Fronhofes verpflichtet, was als Beleg für Dreifelderwirtschaft gedeutet wurde. Von drei gleichgewichtigen Frondiensten im Polyptychon von Saint-Maur-des-Fossés (wohl 869) wird dasselbe angenommen. Alle Belege betreffen Herrenland. Das könnte bedeuten, dass diese als geradezu revolutionär bezeichnete Neuerung im Anbausystem in der Karolingerzeit auf großen Flurblöcken des Sallands erstmals umgesetzt wurde. Hingegen ließ sich Dreifelderwirtschaft auf den abhängigen Bauerngütern kaum verwirklichen.

Der Vorteil dieses Anbausystems gegenüber dem bloßem Alternieren von Saat und Brache in der Zweifelderwirtschaft besteht in einer Vergrößerung der Anbaufläche, da jährlich auf zwei Dritteln statt nur auf der Hälfte der Ackerfläche produziert wird. Dieser intensiveren Nutzung musste auch eine Steigerung der Fruchtbarkeit des Bodens entsprechen. Diese war vor allem durch Düngung zu erreichen, über die sich aber kaum Quellenbelege finden. Zwar gab es überall Viehhaltung, aber wohl nur in geringem Umfang, so dass mit Düngermangel zu rechnen ist.

Hauptmethode zur Verbesserung der Fruchtbarkeit war das wiederholte Pflügen. Im landwirtschaftlich fortschrittlichsten Gebiet im Pariser Becken wurde dreimal jährlich gepflügt, zweimal vor der Wintersaat und einmal vor der Frühlingssaat. Alle verwendeten Pflüge waren technisch gesehen Hakenpflüge (*aratrum*), auch wenn sie im Vorspann Räder besaßen und deshalb in den Quellen gelegentlich *carruca* genannt werden, aber eben nicht im technischen Sinn eines asymmetrischen Beetpflugs. Die ältesten erhaltenen asymmetrischen Pflugscharen wurden in Böhmen und Polen ausgegraben und werden ins 8. Jahrhundert datiert. Im Rheinland und in Savoyen hat man solche Scharen aus dem 9. und 10. Jahrhundert gefunden. Asymmetrische Scharen, die es ermöglichen, schwere Böden tief zu pflügen und die Schollen umzuwenden, sind in karolingischer Zeit im Gebiet zwischen Loire und Rhein nicht belegt, wo sich später der Beetpflug allgemein durchsetzte. Aufgrund archäologischer Untersuchungen der Flur wird der Einsatz von Beetpflügen hier dennoch vermutet. Durch Hakenpflüge wurde die Erde bloß aufgeritzt. Wahrscheinlich mussten die Äcker deshalb von Zeit zu Zeit von Hand mit dem Spaten umgegraben werden.

Bei vorherrschender Zweifelderwirtschaft oder anderen Systemen mit längerer Erholungszeit der Böden und bei mangelnder Düngung war der Ackerbau also sehr extensiv. Außerdem erforderte er einen großen Arbeitskräfteeinsatz. Die Produktivität war dabei sehr gering.

Gartenbau

Der Gemüsegartenbau hat eine bedeutende Rolle in der Ernährung gespielt. Neben Brot und Brei waren Leguminosen die wichtigste Nahrung. Die Bauern deckten den Bedarf an Hülsenfrüchten – v. a. Erbsen, Linsen, Kichererbsen, Wicken und Sau- bzw. Pferdebohnen (*Vicia faba L.*) – aus den eigenen Gärten. Leguminosen wurden aber in bestimmten Gegenden auch auf Äckern angebaut. In Gärten wurden auch Kräuter, Gewürze und Salat sowie Knollengewächse wie Lauch, Knoblauch, Zwiebeln und Karotten gezogen. In der Hofordnung (*Capitulare de villis*) Karls des Großen um 795 werden 73 verschiedene Gemüse- und Kräuterpflanzen aufgezählt, die in den Gärten der Königsgüter kultiviert werden sollten. In der realistischeren Liste des Königsguts in Annapes sind es 26 Gemüsesorten. Dem standen die klösterlichen Gärten in der Vielfalt der Erzeugnisse nicht nach. Auf dem recht theoretischen Ideal-Klosterplan von St. Gallen sind drei Gärten eingezeichnet: ein Gemüsegarten, ein Kräutergarten und ein Obstbaumgarten.

Weinbau

Der Weinbau hatte sich in den ersten nachchristlichen Jahrhunderten in weiten Teilen des spätrömischen Reiches ausgebreitet, von Kreta im Süden bis England im Norden, von Portugal im Westen bis Polen im Osten. Die Fläche für die kommerzielle Produktion nahm in bestimmten Gegenden, etwa in Burgund, weiter zu. Schon im 8. Jahrhundert berichtet Beda Venerabilis sogar von Weinbergen in England; im 9. Jahrhundert ist in einem Gesetzbuch des Königs Aelfred Weinbau belegt. Auch in Teilen Zentral- und Osteuropas pflanzte man im 9. Jahrhundert erstmals Weinreben. Die Rolle der Kirche bei der Ausbreitung des Weinbaus war bedeutend, auch wenn nur ein kleiner Teil des Weines für das Abendmahl erzeugt wurde. Die Zahl der Weinbaudörfer im Gebiet der Abtei Fulda stieg vom 7. bis zum 9. Jahrhundert von 40 auf fast 400. Die Abtei Saint-Germain-des-Prés besaß im Gebiet der Seine und der Marne rund 400 Hektar Reben, von denen weniger als die Hälfte im Eigenbau standen, der größere Teil war an Bauern gegen Weinabgaben verpachtet. Insgesamt standen dem Kloster jährlich über 600 000 Liter Wein für Liturgie, Eigenbedarf und Verkauf zur Verfügung. Den Bauern blieben rund 700 000 Liter für ihren Bedarf und für den Verkauf. Manche Bischöfe verlegten ihre Residenzen in die Nähe von bekannten Weinbergen, so der Bischof von Langres nach Dijon, der Bischof von Tongres nach Lüttich, der Bischof von Saint-Quentin nach Noyon. Erzbischof Siegfried von Mainz zwang jene Bauern, die auf einem Hügel bei Rüdesheim Weizen anbauen wollten, stattdessen Rebstöcke zu pflanzen. Das Aachener Konzil von 816 bestimmte, an jedem Dom sei ein Kanonikerkolleg einzurichten, zu dessen Pflichten u. a. auch die Pflanzung und der Unterhalt eines Weinbergs gehörte.

Jagd, Fischerei und Viehwirtschaft

Neuere Ausgrabungen haben gezeigt, dass die Bauern nur wenig Fleisch aus der Jagd und wenig Fisch aßen. In Villiers-le-Sec, einem archäologisch hervorragend dokumentierten Dorf der Abtei Saint-Denis, erreichen die Knochen wilder Tiere vom 7. bis zum 11. Jahrhundert nie mehr als 1,4 % aller Tierknochen. In der nordostfranzösischen Siedlung von Brebières machen die Knochen domestizierter Tiere 96 % aus, diejenigen der Wildtiere nur 3,9 %. In schriftlichen Quellen werden fast nie Abgaben der Bauern aus Jagdbeute genannt. Als Nahrungsquelle war die Jagd im Frühmittelalter bedeutungslos. Nur in der reichsten Schicht wurde etwas mehr Wild gegessen.

Die Rinder waren kleiner als in gallo-römischer Zeit. Sie hatten eine Risthöhe von rund 115 cm und ein Gewicht von rund 270 kg. Auch die Pferde, die übrigens auch gegessen wurden, obwohl die Kirche den Verzehr von Pferdefleisch ablehnte, waren klein; sie maßen etwa 140 cm am Widerrist. In Villiers-le-Sec überwiegen Rinderknochen unter den Haustieren bei weitem, ihr Anteil nimmt über die gesamte untersuchte Zeit vom 7. bis zum 11. Jahrhundert zu. An zweiter Stelle stehen im 7. und 8. Jahrhundert Schweineknochen. Ihr Anteil sinkt im Laufe der Zeit auf den Wert von Schafen und Ziegen, deren Anteil durch die gesamte Zeit bei rund 20 % gleich bleibt.

Hinweise auf die Art der Verwertung liefert das Schlachtalter der Tiere. Ein Drittel der Rinder ist mit etwa 15–18 Monaten geschlachtet worden, zwei Drittel wurden erst mit rund zehn Jahren geschlachtet. Das heißt, dass Rinder zunächst Arbeitstiere und Milchlieferanten waren und erst in zweiter Linie Fleischlieferanten. Die meisten Schweine – etwa 75 % – wurden im Alter zwischen sechs Monaten und eineinhalb Jahren geschlachtet, die übrigen waren Zuchttiere, die erst geschlachtet wurden, wenn sie unfruchtbar wurden. Über die Hälfte der Schafe und Ziegen wurde zwischen einem halben und eineinhalb Jahren geschlachtet, die übrigen Tiere wurden bis zu sechs Jahre alt. Demnach wurde rund die Hälfte der Schafe direkt für die Nahrung gezüchtet, die anderen wurden aus Interesse an der Wollproduktion, daneben auch der Milch gehalten.

Schließlich kommen noch Geflügelknochen mit Anteilen um 10% vor, was ihre Bedeutung für die Proteine in der Ernährung, auch durch die Eier, unterstreicht. Die Bauern der Dörfer der Abtei Saint-Denis, zu denen auch Villiers-le-Sec gehörte, mussten nach einer Urkunde Karls des Kahlen jeweils zu Weihnachten, zu Ostern und zum Fest des hl. Dionysius (Saint-Denis) 1100 Eier ans Kloster abliefern. Die Abtei Prüm besaß nach einem Güterverzeichnis von 893 insgesamt rund 200 Bauernhöfe, auf denen jährlich u. a. auch 20 000 Eier erzeugt wurden. Der Eierkonsum in den größeren Klöstern muss demnach sehr bedeutend gewesen sein.

Zur Schichtung der Bauern

Auch in fränkischer Zeit standen die Sklaven auf der untersten Stufe der rechtsständischen Schichtung. Die fränkischen Eroberungs- und Beutekriege haben durch die Versklavung von Kriegsgefangenen sogar zu einem gewissen Aufschwung der Sklaverei geführt. Wichtig für den Sklavennachschub waren vor allem die Vorstöße nach Osten seit 748 mehrmals gegen die Sachsen, dann gegen slawische Stämme. Auch bei privaten Razzien wurden in den östlichen Grenzgebieten Sklaven gejagt. Schon der etymologische Zusammenhang des Wortes Sklave mit Slawe weist auf dieses Rekrutierungsgebiet. Russische Händler lieferten Sklaven aus noch weiter östlichen Gebieten, die dann in den westlichen Handel gelangten. Neben Beutezügen und natürlicher Fortpflanzung spielte für die Rekrutierung neuer Sklaven der Verkauf der eigenen Kinder aus Armut und die Versklavung wegen Verbrechen und wegen Schulden eine gewisse Rolle.

Für die Wirtschaft des karolingischen Reiches blieb die Sklaverei, obwohl sie seit dem 7. Jahrhundert rückläufig war, weiterhin wichtig. Obwohl schon in merowingischer Zeit keine großen kasernierten Sklavenscharen mehr gehalten wurden, blieb die Sklaverei für kleine und große Agrarbetriebe fundamental. Auch kleine Bauern besaßen zumindest einzelne Sklaven; noch um 800 galt es als Zeichen bitterer Armut für einen freien Mann, wenn er keinen Sklaven sein Eigen nannte. Gemäß dem Güterverzeichnis der Abtei Prüm von 893 verfügten die Bauern noch am Ende des 9. Jahrhunderts über Sklaven als Arbeitskräfte. Sie stellten diese auch der Abtei zur Leistung der geschuldeten Frondienste zur Verfügung. Auch an Herrenhöfen wurden weiterhin – wenn auch in geringerer Zahl – Sklaven als Arbeiter gehalten. Spätestens seit dem 7. Jahrhundert wurden Sklaven von ihren Herren auch auf Bauernbetrieben angesiedelt. Diese Sklaven wurden *servi casati* genannt, wörtlich also behauste Sklaven, oder auch *servi mansuarii* (von *mansio* = Wohnstätte). Sie schuldeten ihrem Herrn das sogenannte *opus servile*, den Sklavendienst: Frondienste auf dem vom Herrn direkt bewirtschafteten Land.

Als Gründe für die Ansiedlung von Sklaven werden die schlechte Produktivität der Direktbewirtschaftung, der Mangel an Sklaven und deren hoher Preis sowie die Verluste aufgrund der Flucht von Sklaven genannt. Wichtiger war aber wohl ein anderer Aspekt: eine Tendenz zu immer mehr Getreidebau, wodurch sich ein ausgeprägt stoßweiser Arbeitsanfall ergab. Es war immer weniger rentabel, Arbeitskräfte im Umfang des Spitzenbedarfs etwa zur Zeit der Ernte das ganze Jahr hindurch zu unterhalten, obwohl man sie kaum je auslasten konnte. Die Ansiedlung der Sklaven auf selbständigen Bauernstellen konnte diese Probleme lösen: Die angesiedelten Sklaven ernährten sich selbst samt ihrer Familie durchs ganze Jahr; sie sorgten durch Fortpflanzung für Nachschub; sie waren nunmehr interessiert am Ertrag des ihnen zugewiesenen Hofes; sie ernährten sich aus diesem Ertrag selbst und zahlten davon Abgaben an den Herrn – und schließlich: Sie standen dem Herrn als Arbeitskräftereserve jederzeit zur Verfügung. Die wöchentliche Dreitagefron wurde ja nicht regelmäßig jede Woche eingefordert, sondern bei Spitzenbedarf musste mehr auf dem Herrenland gearbeitet werden. Die Ansiedlung von Sklaven war ein wichtiger Schritt auf dem Weg von der Sklaverei zur Leibeigenschaft.

Die Frage, wann sich die Stellung der *servi* so weit verändert hat, dass man nicht mehr von Sklaven, sondern von Hörigen oder Leibeigenen sprechen kann, wird in der Forschung kontrovers diskutiert. Die These einer frühen Abschwächung des reinen Sachcharakters der Unfreien schon in fränkischer Zeit wird heute mehrheitlich abgelehnt. Rechtlich standen die Sklaven unter der gegenüber den spätantiken Verhältnissen keineswegs abgemilderten Gewalt ihres Herrn. Er konnte sie wie Vieh verkaufen, tauschen oder verschenken. Er konnte sie nach Belieben strafen, ihre Ehen auflösen und ihre Kinder verkaufen. Er verfügte über ihre Arbeitskraft und über ihre Güter. Sklaven hatten keine Rechtspersönlichkeit, wurden nicht zum Heeresdienst aufgeboten, waren nicht gerichtsfähig, d. h., sie konnten vor Gericht weder selbständig Klage erheben noch ohne vorherige Auslieferung durch ihren Herrn verurteilt werden. Erst am Ende des 10. Jahrhunderts war der Wandel vom rechtlosen Sklaven zum Hörigen vollzogen. Merkmale dieses Wandels sind:

- die gerichtlich erfassbare Deliktfähigkeit wird ansatzweise anerkannt;
- dem Herrn gegenüber wird nicht mehr bloßer Gehorsam, sondern auch Treue verlangt;
- die Entschädigung für die Tötung eines Unfreien wird wie bei freien Menschen Wergeld genannt; der Herr erhält sie nicht mehr im ganzen Umfang, sondern ein Teil geht an die Angehörigen des Getöteten;
- die grundlose Tötung eines Unfreien durch seinen Herrn wird verboten;
- dem Unfreien wird auch rechtlich Ehe- und Vermögensfähigkeit zugestanden.

Die früher fast einhellig vertretene These, dass die Kirche auf die Aufhebung der Sklaverei hingewirkt habe, wird heute eher relativiert. Gerade die Kirche war als Großgrundbesitzer ein Hauptnutznießer unfreier Arbeitskraft. So warf etwa Bischof Elipandus von Toledo dem Berater Karls des Großen, Abt Alkuin, vor, er besitze 20 000 Sklaven. Gemeint waren damit die Sklaven auf den Gütern der vier Abteien Alkuins: Ferrières, St-Martin in Tours, Saint-Loup de Troyes und Saint-Josse. Das Kloster Santa Giulia in Brescia beschäftigte allein auf seinem direkt bewirtschafteten Grund und Boden 740 Sklaven. Das gibt eine Vorstellung von den Größenordnungen. Gemäß dem 16. Konzil von Toledo im Jahr 693 sollten Pfarrkirchen mit weniger als zehn Sklaven mit einer weiteren Pfarrei zusammengelegt werden. Die karolingische Gesetzgebung sah für jede Pfarrkirche die Ausstattung mit mindestens vier Sklaven zur Bearbeitung der Kirchengüter vor.

Zusammenfassend wird man die Bedeutung der Sklaverei in der Zeit vom 7. bis zum 9. Jahrhundert für Agrarbetriebe als immer noch fundamental bezeichnen dürfen. Es gibt jedoch viele Indizien dafür, dass die Sklaverei in dieser Zeit im Rückgang begriffen war. Trotz dem Festhalten am unverkürzten rechtlichen Status in den normativen Rechtstexten dürfte der tatsächliche soziale und wirtschaftliche Status sich verbessert haben, vor allem für die *servi casati.*

Im 9. Jahrhundert tauchen in den Güterverzeichnissen der großen kirchlichen Grundherrschaften die Kolonen wieder auf. Das spätantike Kolonat, das sich in den Quellen bis ins 6. Jahrhundert verfolgen lässt, findet hier also scheinbar eine Fortsetzung. Die *coloni* des 9. Jahrhunderts weisen in ihrer Rechtsstellung, insbesondere in der Schollenbindung bei persönlicher Freiheit, Analogien zum Kolonat des 5. und 6. Jahrhunderts auf. In der Forschung ist aber umstritten, ob es sich dabei tatsächlich um eine echte Kontinuität handelt oder um eine analoge Neubildung.

Es scheint, dass die Belastung der großen Masse kleiner Freier bereits unter Karl dem Großen unerträglich geworden ist. Die Reichen und Mächtigen haben dies zu ihrem persönlichen Gewinn ausgenutzt. In Instruktionen für die Königsboten (*missi dominici*) aus dem Jahr 802 ist die Rede von «Bedrückungen der armen Freien, die Heeresdienst leisten müssen und von den Amtmännern bedrückt werden». Auf dem Hoftag von 811 berichtete Karl der Große darüber, warum die Bauern versuchten, sich der Heerespflicht zu entziehen. Danach brachten die Bauern die Klage vor, wenn jemand seine Eigengüter dem Bischof, Abt, Grafen, Richter oder Amtmann und Zentenar nicht geben wolle, so ließen sie ihn immer wieder gegen den Feind ziehen bis er, verarmt, sein Eigen ihnen wohl oder übel übergebe oder verkaufe. Andere aber, die ihr Eigentum schon übergeben hätten, könnten zuhause bleiben. Aus den Kapitularien geht hervor, dass es sogar Freie gab, die sich – um dem Heeresdienst zu entgehen – verknechten wollten.

Wir wissen, dass andere Freie sich selbst und ihren Besitz kirchlichen Grundherren auftrugen. Sie übergaben dem kirchlichen Grundherrn Eigengüter und ließen sich wiederum damit beleihen. Der Umfang solcher Transaktionen und damit die Frage der sozialgeschichtlichen Relevanz dieses Vorgangs ist in der Forschung allerdings umstritten. Während früher die sogenannte Depressionsthese geläufig war, nach der auf diesem Weg vor allem das kleine freie Bauerntum verschwunden sei samt dem kleinen freien Eigengut, wird in der neueren Forschung eher die relative Seltenheit, mit der dieses Phänomen in den Quellen wirklich fassbar ist, betont.

Bauern, die ihr freies Eigentum an Land verloren und als Pächter Land eines großen Grundbesitzers bebauten, gingen damit zunächst nur eine rein ökonomische Beziehung ein. Grundherrschaftlich abhängige Freie standen aber in Gefahr, den unfreien Hintersassen derselben Grundherrschaft gleichgestellt zu werden. Tatsächlich deuten Belege schon im 9. Jahrhundert auf eine ständische Angleichung hin, wenn etwa in einem Güterverzeichnis des Abtes Irmino sämtliche Angehörige der Grundherrschaft des Klosters Saint-Germain-des-Prés als «Leute des heiligen Germanus» (*homines sancti Germani*) zusammengefasst werden. Dies weist bereits auf die spätere Entwicklung einer auch rechtlich wirksamen Zusammenfassung aller grundherrschaftlich erfassten Leute zu Herrschaftsleuten voraus (*homines de potestate*). Gerade reiche Klöster nutzten ihre starke Position dazu, die ökonomische Abhängigkeit der Bauern zu einer herrschaftlichen zu verstärken, indem sie die eigentlich nur aufgrund der Pachtbedingungen geschuldeten Frondienste auf den unfreien Stand zurückführten, der faktisch durch diese Frondienste belegt sei. Dadurch wurden freie Bauern dem öffentlichen Gericht entzogen und der Gerichtsbarkeit ihrer Grundherren unterworfen.

Anzeichen eines landwirtschaftlichen Aufschwungs

Die Bedeutung der Binnenrodung für die Entstehung der klassischen Grundherrschaft wurde bereits erwähnt. In der Eifel, den Ardennen und in Flandern setzt die Rodung schon im 7. Jahrhundert verstärkt ein, nach 700 folgen Odenwald, Hessen und Franken. Auch in Bayern und Sachsen ist frühe Rodung belegt. Geichzeitig werden in den englischen Midlands schwere Böden unter den Pflug genommen. In Südfrankreich hat die Ansiedlung der vor den Mohammedanern aus Spanien Flüchtenden zu Rodungen geführt. Hier ist dann im 9. Jahrhundert der Wald stark zurückgedrängt worden, während Getreidepollen auf die Zunahme der Ackerflächen hinweisen. In Katalonien hat eine seit 780 einsetzende Rodungstätigkeit seit den 820er Jahren an Dynamik gewonnen. Bauern haben mit ihren Familien oder als Gruppen Land gerodet und unter den Pflug genommen. Voraussetzung war die *aprisio*: das Eigentumsrecht des Bauern an einem selbst auf öffentlichem Grund gerodeten Landstück, das er dreißig Jahre bebaut hat. Bauern und entflohene Sklaven – die einen getrieben von der Furcht vor Hunger, die anderen auf der Suche nach einer freien Existenz – haben in großer Zahl die schwere Arbeit der Rodung mit dem Ziel des Erwerbs von Grundeigentum auf sich genommen. In Italien lässt sich anhand zweier Güterverzeichnisse der Abtei Bobbio von 862 und 883 zeigen, dass in dieser kurzen Zeitspanne auf bisher in direkter Weide- und Waldwirtschaft genutztem Land etwa 50 kleine Bauerngüter geschaffen wurden.

Eine Bevölkerungszunahme lässt sich aus der Analyse karolingischer Polyptycha des 9. Jahrhunderts errechnen. Darauf weisen auch die in Frankreich, Norditalien und dem deutschen Rheingebiet feststellbaren Überbesetzungen und Teilungen der *mansi* hin: Mehrere Familien teilen sich ein Bauerngut; andere Familien sitzen auf bloß einer Teilhufe, z. B. einem Viertel. Ein Teil der Bevölkerungszunahme ist also innerhalb der bestehenden Strukturen aufgefangen worden. Die überall fassbare Zunahme von Geldabgaben weist auf eine wachsende Marktverflechtung hin. Nicht nur die Grundherren haben durch den Verkauf der Überschüsse die Märkte belebt, sondern auch die

Bauern haben durch den Verkauf von Produkten auf den Märkten das Geld zur Abgabenzahlung erworben. Damit setzte die Monetarisierung der Naturalwirtschaft ein.

Technik

Viele technische Errungenschaften, deren weite Verbreitung für den wirtschaftlichen Aufschwung des 11. Jahrhunderts als entscheidend gewertet worden ist, waren bereits in karolingischer Zeit bekannt: der Beetpflug, die Rotation im Anbau der diversifizierten Getreidesorten bis hin zur Dreifelderwirtschaft, die Anschirrung von Pferden mit dem Kummet, der Hufeisenbeschlag. Ein großer Fortschritt ist bei der Verbreitung von Wassermühlen festzustellen, die nicht geringe Investitionen erforderten, dann aber bedeutende Erträge abwarfen. Um 780 gab es auf den Gütern der Abtei Saint-Wandrille 67 Mühlen. Im Polyptychon des Abtes Irmino von Saint-Germain-des-Prés sind 84 Mühlen verzeichnet, bei einigen wird auf deren Alter hingewiesen, einige wurden schon erneuert, viele sind durch Irmino selbst neu errichtet worden. Dennoch genügte dies dem Bedarf noch nicht, wie die vielen Verpflichtungen der Pächter zum Mahlen von Getreide im Frondienst zeigen. Viele Bauern bzw. ihre Frauen mahlten ihren Bedarf in Handmühlen. Nicht alle Mühlen der kirchlichen Großgrundbesitzer sind auch durch diese erbaut worden, einige kamen durch Schenkungen von Laien an die Klöster. Einfache hydraulische Mühlen wurden auch durch Gruppen von Bauern errichtet, wie etwa für Katalonien gezeigt worden ist. Ölpressen werden in allen Gebieten des Olivenanbaus seit dem 8. Jahrhundert häufiger genannt, Trotten in den Weinbaugebieten.

Handwerk

Werkzeuge, Ton- und Glasgefäße, Holzartikel, Textilien, Lederprodukte, selbst Metallgeräte und Waffen wurden auf dem Land im Rahmen der Grundherrschaften hergestellt. In größeren Orten bei Abteien, z. B. in Corbie, Saint-Riquier und San Vincenzo al Volturno, sind Handwerkerquartiere belegt. In Murbach sollten die Handwerker 816 in die Klostermauern einbezogen werden. In grundherrschaftlichen Textilwerkstätten arbeiteten bis zu 20 und mehr Frauen. Konzentriert waren Handwerke in den Handelsemporien, etwa in Haithabu, angesiedelt.

Seit dem 7. Jahrhundert begannen spezialisierte Handwerker wieder für den Markt zu produzieren. Keramikfunde belegen verschiedene Produktionsstätten mit überregionaler Bedeutung. Für den Absatz im gesamten Rheingebiet bis nach Dorestad wurde sogenannte Badorfer Keramik in großen Werkstätten im Töpferbezirk von Brühl-Eckdorf (Köln) und in der Eifel hergestellt. Vor allem große Amphoren kamen als Verpackung wegen des Inhalts in den Handel. Die Badorfer Luxusware gelangte bis in die Küstengebiete Norddeutschlands. Muschelgruskeramik wohl aus dem friesisch-flandrischen Küstengebiet wurde im 9. Jahrhundert als Massenware gehandelt. Qualitätvolle slawische Keramik wurde im Osten jenseits der Elbe-Saale-Linie nur für den lokalen Gebrauch gefertigt. Im Norden war jütländische Keramik verbreitet, die nach 800 auch im dänisch beherrschten Haithabu ebenso wie slawische belegt ist.

Bergbau, Metallhandwerk und Geld

Zusammenhänge zwischen römerzeitlichem und mittelalterlichem Bergbau sind nur schwach erkennbar. So wurde z. B. der Eisenabbau in der Perche, der bereits in der Spätantike belegt ist, nun einbezogen in die grundherrschaftliche Wirtschaft, weitergeführt. Die *servi casati* der Villa Boissy (Orne) mussten der Abtei Saint-Germain-des-Prés je 100 Pfund Eisen abliefern; insgesamt ergab dies etwa 800 kg jährlich. Auch geschmiedete Stücke wie Fassbänder, Äxte, Sicheln, Sensen, Pflugscharen und Sechmesser, Feuerböcke, Kessel und Lanzenspitzen wurden an verschiedene Klöster als Abgaben geliefert. Metallhandwerke wurden in den *villae* der Abteien betrieben, ob als Nebenbeschäftigung von Bauern oder als spezialisiertes Handwerk, lässt sich nicht entscheiden. Die Archäologie hat nachzuweisen vermocht, dass an Eisenwerkzeugen kein Mangel herrschte.

Im Edelmetallbergbau ist kaum Kontinuität seit der Antike erkennbar. Im 7. Jahrhundert begann im Merowingerreich wohl aufgrund des Goldmangels ein als ökonomische Revolution bezeichneter Übergang von der Gold- zur Silberwährung. Bereits um 680 scheint Silbergeld überwogen zu haben. Dieses eignete sich auch für kleinere Transaktionen und kam so auch in die Hände einfacher Leute, wie der Anstieg von Geldabgaben der Bauern in den Güterverzeichnissen deutlich zeigt. Die Menge der geprägten Münzen war bedeutend. In der Merowingerzeit sind rund 800 verschiedene Münzstätten nachgewiesen. Das Silber kam aus dem Bergbau von Melle im Poitou.

Eine für das ganze Mittelalter bedeutende Münzreform hat Karl der Große in den Jahren 794 und 801 vorangetrieben. Dabei wurde festgelegt, dass aus einem Pfund (*libra*) Silber, das damals ca. 408 Gramm wog, 240 Pfennige (*denarii*) geprägt werden sollten. Das gab dem einzelnen Pfennig ein Durchschnittsgewicht von 1,7 Gramm. Das Pfund war hier also noch eine Gewichtseinheit. Später ist ‹Pfund› zu einem bloßen Zählbegriff geworden. Pfunde wurden nicht ausgemünzt, sondern Pfund bedeutete einfach 240 Pfennige. Ganz ähnlich verhält es sich mit dem Schilling (*solidus*), der zunächst nur ein Zählbegriff für 12 Pfennige war. Dies ist dann für weite Gebiete Europas im ganzen Mittelalter und darüber hinaus für das Münzsystem grundlegend geblieben: 1 Pfund hat 20 Schillinge, 1 Schilling hat 12 Pfennige. Ausgeprägt wurden nur die kleinen Pfennigmünzen. Größere Beträge mussten deshalb in Barren- oder Bruchsilber bezahlt werden.

Ordnung suchte Karl der Große auch durch eine Vereinheitlichung von Maß und Gewicht herzustellen. Im Jahr 794, ein Jahr nach der großen Hungersnot 792/93, wird ein neu festgelegter öffentlicher Scheffel (*modius publicus et noviter statutus*) genannt. Das Ziel der Maßnahmen ist klar: Alle sollten gleiche Maße und Gewichte verwenden.

Handel

Die königlichen Fiskalgüter und die kirchlich-klösterlichen Großgrundherrschaften orientierten sich am Ideal möglichst umfassender Autarkie. Die Klöster erstrebten nicht eine Maximierung von Profit, sondern suchten vor allem, die Versorgung der Mönche und des eigenen Personals zu sichern, wie etwa die Statuten des Abtes Adalhard von Corbie zeigen. Sie blieben aber für viele Produkte nicht nur des Luxusbedarfs auf den Zukauf am Markt abhängig. In der Form einfacher Warenzirkulation wurden die Mittel dafür durch Verkäufe von Überschüssen der eigenen Produktion und aus Abgaben der Bauern erwirtschaftet. Insbesondere die Produkte weit entfernter Güter wurden auch dort vermarktet, um Transporte zu vermeiden oder auf kurze Strecken zu reduzieren. Dass die Klöster immer stärker in den Handel eingebunden waren, zeigen die zahlreichen königlichen Befreiungen von Abgaben und Zöllen, die Übertragung solcher Abgaben in ihr Eigentum und das Recht, neue Märkte einzurichten. Die Abteien verfügten über Schiffe auf den Flüssen und Karren auf den Straßen. Sie nutzten Transportfrondienste ihrer Bauern, so Saint-Germain-des-Prés zur Überführung von Wein aus Angers auf die Messe von Saint-Denis. Zwar tendierten auch die bäuerlichen Produzentenhaushalte dazu, nur ihre eigenen Subsistenzmittel zu erwirtschaften, besonders Betriebe abhängiger Bauern, die in die Ökonomie der Grundherrschaften einbezogen waren, mussten aber für deren Abschöpfung Mehrwert darüber hinaus produzieren. Die Geldabgaben und auch der Kauf von nicht selbst produzierten Waren bedingten eine gewisse Marktverflechtung, da das Geld am Markt gegen landwirtschaftliche Produkte erworben werden musste. Dieser Austausch fand indessen häufig direkt zwischen den Produzenten ohne Vermittlung durch professionelle Händler statt.

Seit dem 7. Jahrhundert hat sich der Schwerpunkt des Fernhandels nach Norden und Nordwesten verschoben. Das Gebiet südlich der Loire hat für lange Zeit an Bedeutung verloren. Das wirtschaftliche Kerngebiet der Karolinger lag in Austrasien. Der Einbezug Frieslands und später Sachsens in ihr Reich verstärkte diese Umorientierung. Im Norden und Osten fanden sich Absatzmärkte für Überschüsse der Getreide- und Weinproduktion der Großgrundbesitzer zwischen Rhein und Loire. Günstig entwickelt hat sich vor allem der Weinhandel. Auf den wohl im Laufe des 8. Jahrhunderts entstandenen Messen von Saint-Denis kauften englische und friesische Händler die dort angebotenen Weine aus klösterlicher Produktion.

Für die Zeit der Merowinger ist bis vor kurzem die Rolle von Syrern und Juden im Fernhandel massiv überschätzt worden. Sie waren seit der Spätantike in Arles, Marseille und Narbonne ansässig, alles wichtige Häfen für den Fernhandel mit Afrika und dem Orient. Nach 610 verschwinden die wahrscheinlich inzwischen assimilierten Syrer bzw. orientalischen Christen aus den Quellen. Jüdische Gemeinden sind zwischen dem 5. und 7. Jahrhundert auch in Bourges, Clermont, Orléans und vielleicht in Uzès, also alle im Süden, belegt. Dass Juden die Waren bis ins Landesinnere gebracht haben, dürfte selten gewesen sein. Die Klöster sandten ihre eigenen Agenten zum Einkauf aus. Klosterkaufleute aus Saint-Denis gingen zum Beispiel nach Marseille, Italien und Deutschland.

Im europäischen Fernhandel haben sich mehrere Handelsemporien herausgebildet. Die bedeutendste Handelsstadt des 7. bis 9. Jahrhunderts in Friesland war der Hafen Dorestad am Niederrhein. Ein wichtiges Handelsgut war auch hier der Wein. Handelswege führten von Dorestad nördlich über Mainz zum Oberrhein, westlich nach Quentovic, dem bedeutendsten Handelsplatz im Gebiet des heutigen Frankreich, über den Kanal zu den führenden Handelsplätzen Englands in London und York, übers Wattenmeer in das dänische Haithabu, den Hauptumschlagplatz für den Handel mit dem Baltikum, Skandinavien und dem Nordseeraum, und weiter nach Birka in Schweden, wo Eisen aus Bergslagen, Pelze und Bernstein u. a. nach arabischen Gebieten gehandelt wurden, und nach Kaupang in Norwegen.

An Fernhandelswaren nach Afrika und Asien hatte Europa nicht viel anzubieten. Die islamischen Länder rund ums Mittelmeer, insbesondere aber das Emirat von Córdoba auf der spanischen Halbinsel, waren Abnehmer europäischer Sklaven. Allein in Córdoba wurden bei einer Zählung im 10. Jahrhundert 14 000 *skaliba* (Sklaven slawischer Herkunft) ermittelt. Slawische Eunuchen waren nach dem Buch von den Tieren des Al-Jahiz von Basra im 9. Jahrhundert auch in Bagdad zahlreich. Eine Liste von 902/06 der bei Raffelstetten in Bayern erhobenen Zölle zeigt, dass Sklaven eine wichtige Ware auf dieser Handelsstraße aus dem östlichen Reichsgebiet in den Westen darstellten. Nach dem Bericht des Arabers Ibn Haukal aus der Mitte des 10. Jahrhunderts wurden viele der aus dem Frankenreich ins islamische Spanien importierten Sklaven von dort über Konstantinopel, Trapezunt und Bagdad weiter exportiert bis zum Hindukusch.

Karolingische Herrscher haben den Sklavenhandel verschiedentlich privilegiert. Man suchte allerdings zu vermeiden, dass getaufte Christen als Sklaven an die Heiden verkauft würden. Bezeichnend für diese Haltung ist ein Vertrag, den Lothar I. im Jahr 840 mit Venedig abschloss. Darin verpflichtete sich Venedig, keine Durchfuhr christlicher Sklaven aus Lothars Reich in islamische Gebiete zu gestatten. Der Vertrag wurde im Jahr 880 mit Karl III. und 888 mit Berengar I. erneuert.

Der große Anteil arabischer Münzen in den Silberschätzen des 9. und vor allem des 10. Jahrhunderts in Osteuropa ist in erheblichem Ausmaß auf den Verkauf von Sklaven zurückzuführen. Auch die Konzentration von Funden von eisernen Fesseln für Sklaventransporte lässt einen direkt aus Osteuropa über Byzanz in den Orient führenden Handelsweg erkennen, der an der Wende vom 9. zum 10. Jahrhundert denjenigen durch Westeuropa wohl an Bedeutung übertraf. Der Nord-Süd-Sklavenhandel wurde über die aus der Rus zum Schwarzen Meer führenden Flusshandelswege abgewickelt. Die Ungarn verkauften slawische Sklaven an die Byzantiner und tauschten dafür Seiden- und Wolltextilien ein. Der Bericht des Ibrahim Ibn Jakub über die im Jahre 965 in Prag eintreffenden Händler, die unter anderem Sklaven ein- und verkauften, zeigt die Verbindungen auf, die von Krakau bis in das Gebiet der Rus reichten.

Weitere Quellen bestätigen einen großen Sklavenhandelsstrom aus dem ostslawischen Gebiet über Byzanz ins arabische Kalifat. Der Sklavenexport gegen Gold und Silber der islamischen Länder ermöglichte den Import von Luxusgütern.

III. Das Hochmittelalter: Rückschlag und neues Wachstum vom 10. bis zum 13. Jahrhundert

Die Krise des 10. Jahrhunderts

Im westfränkischen Gebiet zerfiel der Einfluss des Königtums. Das königliche Domäneneigentum hatte sich nach dem Tod Karls des Großen 814 rasch vermindert. Um 880 war schon fast alles verschleudert. Als das Königtum ihnen nichts mehr zu verschenken hatte, hatten die Großen des karolingischen Reiches kein Interesse an einer starken Königsmacht mehr. Im 10. Jahrhundert bildeten sich kleinere Herrschaften mit eigenen Dynastien, die die zuvor königlichen Rechte, etwa Münze und Zölle, seit der Mitte des 10. Jahrhunderts auch die Verfügung über die Fiskalgüter an sich zogen. Allerdings vermochten sie sich auf Dauer nicht gegen die reichen Grund- und Burgherren (*castellani*) zu behaupten.

Wikinger, Normannen, Sarazenen, Hunnen

Der Niedergang des fränkischen Reiches ist durch die Angriffe der Wikinger oder Normannen, der Sarazenen und der Ungarn beschleunigt worden. Die Normannen erschienen schon zur Zeit Karls des Großen 799 an der Küste Frankreichs. Die Sarazenen bedrohten Südfrankreich und Italien, vor allem aber die Schifffahrt im Mittelmeer. In Fraxinetum (Garde Freinet) an der Küste der Provence errichteten sie eine permanente Basis. Am Ende des 9. Jahrhunderts begannen die blitzartigen Beutezüge der Ungarn. Normannen und Sarazenen führten Franken in die Sklaverei, raubten Gold und Silber. Sie plünderten das Land und die einsam gelegenen Klöster. Wirtschaftlich brachte dies auch eine Entschatzung der in Klöstern gehorteten Edelmetalle, die dem Wirtschaftskreislauf wieder erschlossen wurden. Am meisten waren die Bauern den Überfällen ausgesetzt. Sie begannennen, aus den bedrohten Gebieten abzuwandern, was die Strukturen der Grundherrschaften gefährdete. 864 befahl Karl der Kahle, die Bauern der betroffenen Gebiete müssten zumindest zur Saat- und Erntezeit an ihren Wohnorten erscheinen. Möglicherweise musste im Zusammenhang mit dieser Fluchtbewegung und mit den Verwüstungen die grundherrschaftliche Belastung der Bauerngüter verringert werden. Die Raubzüge der Wikinger gegen englische Gebiete gingen schon um 900 zurück. Allerdings waren weiterhin Tributzahlungen zu entrichten. Nach neueren Schätzungen haben die Wikinger im 9. Jahrhundert von den Königen in England mehrere 10 000 Pfund Silber eingefordert; zwischen 991 und 1018 waren es sogar 206 000 Pfund. Dieses Edelmetall verblieb aber zumindest teilweise im Wirtschaftskreislauf. Die Normannenüberfälle im Norden der Loire hörten um 930 auf. Die Normannen siedelten sich in der Normandie und in England an. Die Gefahr der Ungarn verschwand nach dem Sieg Ottos I. in der Schlacht auf dem Lechfeld 955. Die Sarazenen im Midi wurden 972 aus ihrer Basis Garde Freinet hinausgeworfen. Westeuropa hat seine Verteidigungsfähigkeit durch Stadtmauern, Brückenbefestigungen und durch ein dichtes Netz von Burgen wesentlich verbessert. Die ruhigere Zeit war einem zunächst bescheidenen wirtschaftlichen Wachstum günstig.

Burgen und Bannherrschaften

Ein seit dem 10. Jahrhundert entstehendes dichtes Netz von Burgen bildete die Grundlage für die vor allem für Frankreich untersuchte Ausbildung der Bann- oder Burgherrschaften. Nicht die äußere Bedrohung, sondern die Auseinandersetzungen um die Macht im Inneren, die Kleinkriege der Mächtigen, haben die Burgen hervorgebracht, in denen eine Besatzung von Berufskriegern unter dem Befehl eines Burgherrn (*castellanus*) stand. Viele Burgherren, ursprünglich oft Beauftragte eines übergeordneten Herrn, konnten sich unabhängig machen. Eine kleinräumige politische Organisation entstand. Bis etwa zur Mitte des 12. Jahrhunderts war sie der auch für die Wirtschaft bestimmende politische Rahmen.

Der Burgherr nahm mit der bewaffneten Besatzung die Verteidigung nach außen und die Friedenswahrung im Inneren wahr. Dafür verlangte er Abgaben und Dienste (*consuetudines*). Innerhalb der Bannherrschaft wurden persönlich freie Bauern den Unfreien gleichgestellt: Die gleichen Gerichte waren für alle zuständig, alle hatten die gleichen *consuetudines* zu entrichten. Die Grenzen zwischen Freien und Unfreien verwischten. Die Bannherrschaft installierte sich als zweite, wesentlich drückendere Appropriationsstruktur neben oder auch innerhalb der Grundherrschaft. Da der Burgenbau, die Bewaffnung und der Unterhalt der Besatzungen erhebliche Mittel erforderten, bemühten sich die Burgherren darum, ihre Einnahmen zu steigern. Möglichkeiten dazu bot die Ausweitung der Produktion durch Vermehrung der angesiedelten Bevölkerung und durch Ausdehnung der angebauten Fläche. So könnten die Burgherrschaften einen ersten Wachstumsimpuls gegeben haben.

Zum Unterhalt der Burg verlangte der Bannherr immer differenziertere Abgaben und Frondienste. Er beanspruchte Nahrung und Unterkunft (Gastung) für sich und seine Amtsleute. Er regelte und kontrollierte die Nutzungsrechte, errichtete und beaufsichtigte gegen Abgaben Märkte, verlangte Zölle und Umsatzsteuern. Er verfügte den Zwang zur Benutzung seiner Mühle, Trotte oder seines Backofens gegen Abgaben. Er requirierte Waren und Gerät der Bauern. Er übte die Gerichtsbarkeit aus, dank hoher Bußen eine seiner profitabelsten Einkommensquellen. Das voll ausgebildete Abgabensystem ist im Verlauf des 11. und 12. Jahrhunderts durchgesetzt worden. In diese Zeit fällt auch die besonders drückende Belastung der direkten Personensteuer (*taille*), die nach Belieben des Bannherrn eingefordert wurde. Mit der *taille* konnte er den Bauern nach ein paar guten Ernten jeweils die gesamten Ersparnisse wieder abnehmen. Den Bauern war es deswegen nicht möglich, Rücklagen für Missernten und Teuerung zu bilden oder in Arbeitsgeräte und Vieh zu investieren. Im 12. Jahrhundert wurde die *taille* dann überall in einem jährlich zu leistenden Betrag fixiert. Treibende Kraft waren die Bannherren, die diese Fixierung in Form von Freiheitsbriefen (*charte d'affranchissement*) den Bauern verkauften.

Die Abgaben an die Bannherren waren weit drückender als diejenigen an die Grundherren, die sich seit der Karolingerzeit stark vermindert hatten. Die grundherrlichen Bodenzinsen sind im weiteren Verlauf eher unbedeutend geworden; seit dem 13. Jahrhundert wurden sie oft nur noch als symbolische Anerkennung an den Eigentümer geleistet. Hingegen blieben die proportionalen Zehnten von erheblicher Bedeutung. Einige Grundherren haben einen proportionalen Anteil am Ernteertrag durch neue Formen der Güterleihe im Teilbau gesucht, wobei ein Viertel oder ein Drittel an sie abzugeben war. Die Gesamtbelastung der Bauern blieb hoch. Die Abgaben an die Bannherren zwangen sie zu marktverflochtenen Produktivitätsfortschritten, da sie sich das Geld zur Bezahlung durch Verkauf eines Teils ihrer Erzeugnisse verschaffen mussten. Die Abschöpfung begünstigte die Produktion von Luxusgütern, die sich die Herren für das den Bauern abgenommene Geld kaufen konnten. Sie trug maßgeblich zum Abfluss des Reichtums vom Land in die Städte bei, wo Handwerk und Handel aufblühten.

Im Osten des ehemaligen fränkischen Reiches, im Gebiet des heutigen Deutschland, ist in Vielem eine abweichende Entwicklung eingetreten. Aber auch hier entstanden dynastische Gewalten, und Bannbezirke wie geistliche Immunitäten entzogen sich auch hier weitgehend dem Königtum. Die Klostervogtei wurde zu einer Grundlage adliger Herrschaftsbildung. Klostervögte erhoben seit dem 11. Jahrhundert die erste Steuer (Bede). Im Reichsgebiet Norditalien ging der Einfluss der salischen Könige im 11. Jahrhundert zurück. Burgherrschaften und militärische Lehen wurden hier zum Rahmen für gewalttätige Dominanz. Viele Burgen wurden später von Adligen den Herren aufgetragen, von denen sie sie dann als Lehen wieder erhielten. Dadurch wurden Zentren konkreter Herrschaftsausübung und militärischer Beherrschung lehnsrechtlich an die Territorialherren gebunden. Auch in England werden in den 1170er Jahren viele Klagen gegen lokale Ausbeuter erhoben. In Katalonien haben die Burgherrschaften zur Erneuerung brutaler Sklaverei geführt.

Die Wachstumsphase

In allen Gebieten Europas beschleunigte sich seit der Mitte des 10. Jahrhunderts das demographische und wirtschaftliche Wachstum, das sich dann bis zum Ende des 13. Jahrhunderts fortsetzte. Elemente der Wachstumsphase sind eine bedeutende Bevölkerungszunahme, der Aufschwung und die Vermehrung der Städte, eine neue Arbeitsteilung zwischen Stadt und Land, wobei die städtische Bevölkerung sich des Handels und der Gewerbeproduktion annahm, während die Landbevölkerung die Nahrungsproduktion auch für die wachsenden Städte sicherstellte.

Im 12. Jahrhundert setzte eine Kommerzialisierung der Wirtschaft ein. Die Grundherren zogen sich vielfach aus der direkten Bewirtschaftung zurück, gaben Herrenland parzelliert gegen Pacht an Bauern, verpachteten auch viele Herrenhöfe und wandelten die überflüssig gewordenen unrentablen Frondienste in Geldabgaben um. Allerdings zeigt das gut belegte Beispiel Englands, dass diese Entwicklung nicht überall gleich erfolgte. Hier verbreitete sich seit dem 12. Jahrhundert die direkte Bewirtschaftung mit Lohnarbeitern anstelle von Frondiensten. Nicht nur Zisterzienser und Prämonstratenser, sondern auch andere geistliche Grundherren versuchten zeitweise zur direkten Bewirtschaftung ihrer Güter zurückzukehren. Dies trifft etwa auf die Reichsabteien Prüm und Weißenburg im Elsass zu, die in der ersten Hälfte des 13. Jahrhunderts den Eigenbetrieb wiederaufnahmen. Andere Grundherren haben bei einzelnen Güterkomplexen am klassischen zweiteiligen System, an Frondiensten und Naturalabgaben, kontinuierlich festgehalten, so etwa Corvey, St. Emmeram, Goslar, Helmstedt und Kitzingen.

Für die massive Verlagerung der Produktion auf Getreide ist das Schlagwort der Vergetreidung geprägt worden. Damit verbunden war ein Rückgang der Viehzucht und der Nutzung jagdbarer Waldtiere. Die Alternative Getreide oder Fleisch hängt von der Zahl der zu ernährenden Menschen ab. Als die Bevölkerung wuchs, musste die Weidewirtschaft einer besseren Nutzung der Flächen weichen. Die Vergetreidung war verbunden mit der allmählichen Durchsetzung der Dreifelderwirtschaft. Die Ausweitung der Produktion erfolgte aber vor allem durch die Ausdehnung der Anbauflächen durch Rodung. Handel und Gewerbe wurden in ihrem Aufschwung durch die zunehmende Geldwirtschaft beflügelt.

Der theoretische Ansatz, der das Verhältnis zwischen Bevölkerungsgröße und Subsistenzmitteln zugrunde legt, sieht in der Ausweitung der Subsistenzgrenze durch erhöhte Produktion den Hauptantrieb für den ersten wirtschaftlichen Aufschwung, der sich dann im 12. Jahrhundert beschleunigte. Ein neueres Modell sucht in einer Kettenreaktion unternehmerischer Impulse Anstoß und Befeuerung des wirtschaftlichen Aufschwungs, der dank neuer Erwerbsquellen auch vermehrte Familiengründungen ermöglichte und so das Bevölkerungswachstum antrieb. Unternehmerische Initiative erfasste auch den Agrarbereich; sie lag nicht nur bei den Herren, sondern häufig auch bei den Bauern. Der am Ende des 13. Jahrhunderts folgende wirtschaftliche Abschwung aufgrund des Erlahmens unternehmerischer Impulse habe sich dann restriktiv auf Familiengründungen ausgewirkt und damit zur Bevölkerungsstagnation in der ersten Hälfte des 14. Jahrhunderts beigetragen. Mit diesem die innovierende Mentalität betonenden Modell lässt sich auch verbinden, dass in allen Bereichen eine neue Rechenhaftigkeit, ein neues Bewusstsein für Räume und Zeiten, der Wille zu übersichtlicher Verwaltung und Klärung der Rechtsverhältnisse fassbar wird. Das zeigt im wirtschaftlichen Bereich ein Charakteristikum des Wandels dieser Aufbruchszeit: die zunehmende Formalisierung und Reglementierung der sozialen Verhältnisse.

Bevölkerung

Bevölkerungszahlen sind am besten für England dokumentiert: Dort lässt sich bis in die zweite Hälfte des 12. Jahrhunderts ein nur sehr langsames Wachstum mit vielleicht 0,2 % jährlich verzeichnen, das erst zwischen 1200 und 1300 etwa 0,75 % erreichte. Schätzungen für andere Gebiete sind durch Quellen nur schwach gestützt. So ist die Rate für das 12. Jahrhundert in Frankreich auf 0,39 %, für Deutschland auf 0,48 % veranschlagt worden. Solche Zuwachsraten sind für moderne

Begriffe sehr bescheiden. Im Hochmittelalter ist es nicht zu einer der Moderne vergleichbaren Bevölkerungsexplosion gekommen, sondern zu einem geringen, aber sehr lang anhaltenden stetigen Wachstum. Diesem musste eine Zunahme der Energiemenge entsprechen in Form von mehr Nahrung für die Menschen, mehr Futter für die Tiere, mehr Holz und Torf für Wärmeenergie sowie gesteigerter Nutzung von Wasser- und Windkraft.

Rodung und Migration

Binnenrodung Der Bevölkerungsdruck führte zu einer Ausweitung der Nutzfläche vor allem durch Binnenrodung. Man baute von den bestehenden Ackerflächen aus die Flur allmählich gegen die Heide und den Wald hin aus. Die Rodung wurde zunächst in der Provence seit etwa 930 bis 950 intensiver, schon im 10. Jahrhundert auch im Poitou, kurz nach dem Jahr 1000 im Gebiet der Loire, der Saône und der Maas, in der Mitte des 11. Jahrhunderts auch weiter im Norden Frankreichs: in Aquitanien, Brabant, Luxemburg und in den Ardennen. In der zweiten Hälfte des 11. Jahrhunderts erfolgte die mit großem Kapital- und Arbeitsaufwand betriebene Landgewinnung an den Meeresküsten Flanderns durch Eindeichung in Polder. Die Binnenrodung erreichte im 12. und in der ersten Hälfte des 13. Jahrhunderts ihren Höhepunkt. Der Zugewinn produktiver Flächen im 10. bis 13. Jahrhundert wird für Frankreich auf ein Viertel bis die Hälfte geschätzt. Die Entwaldung und die gleichzeitige Vergetreidung seit etwa 1200 ist in Pollendiagrammen und in der hohen Konzentration von CO_2 nachgewiesen worden. Auch im deutschen Altsiedelland wurden neue Ackerflächen für den Getreideanbau gerodet. Ein viel intensiverer Landesausbau erfolgte aber in den Ostgebieten.

Wanderung, insbesondere Ostsiedlung Eine zweite Lösung, die Grenzen der verfügbaren Subsistenzmittel auszuweiten, bot die Emigration. Die Kreuzzüge, nicht nur ins Heilige Land, sondern auch nach Spanien und in den slawisch-heidnischen Osten, können unter dem Aspekt eines Ventils für den Bevölkerungsdruck gesehen werden. Der Bevölkerungsdruck der südfranzösischen Gebiete konnte sich in jenen Gebieten Spaniens, die die Christen von den Moslems im Zuge der Reconquista zurückeroberten, entladen.

Unter dem Begriff der Ostsiedlung werden große Wanderungen von Deutschen, Flamen und Holländern aus dem Rheingebiet nach Ostmitteleuropa jenseits der Elbe seit dem Ende des 11. bis zum Ende des 13. Jahrhunderts – mit Ausläufern bis ins 15. Jahrhundert – zusammengefasst. An den Zielorten wurde durch ausgedehnte Rodung die Produktionsfläche vergrößert. Die Zielgebiete zwischen Elbe, Saale und Oder einerseits, zwischen Böhmerwald, Enns und Leitha andererseits waren dünn besiedelt und schwach genutzt. Das Hauptinteresse an einer dichteren Besiedlung hatten die weltlichen und geistlichen Herren. Sie suchten durch Werbekampagnen, die auf das prekäre Gleichgewicht zwischen Bevölkerung und Subsistenzmitteln hinwiesen, Siedler anzuziehen. So berichtet Helmold von Bosau zum Jahr 1143 über Adolf II. von Schauenburg: «Da das Land (Holstein) verlassen war, schickte er Boten in alle Lande, nämlich nach Flandern und Holland, Utrecht, Westfalen und Friesland, dass jeder, der zu wenig Ackerboden hätte, mit seiner Familie herbeikommen solle, um hier das schönste, geräumigste, fruchtbarste, an Fisch und Fleisch überreiche Land neben günstigen Weidegründen zu finden.» Herausgestellt wird der Gegensatz zwischen der bedrängten Lage in der Heimat und dem gelobten Siedlungsland im Osten. Flandern und Holland waren damals dichter bevölkert als alle anderen Gebiete. Dies hatte hier schon im Verlauf des 11. Jahrhunderts zu einer intensiven Binnenkolonisation geführt: Man gewann dem Meer durch den Bau von Deichen Land ab. Aber diese Landgewinne blieben immer durch Flutwellen gefährdet. Zwischen 1144 und 1147, also zur Zeit des Wendenkreuzzugs, herrschte in Flandern eine große Hungersnot, die viele Bauern zum Auswandern veranlasste.

Die Zahl der Siedler, die in den Osten zogen, war nach neueren Schätzungen nicht überwältigend. In der ersten Kolonisationswelle des 12. Jahrhunderts sind rund 200 000 deutsche Bauern in den Osten gewandert. Die Auswanderungswelle des 13. Jahrhunderts nach Pommern, Schlesien und in weiter östliche Gebiete dürfte nochmals denselben Umfang erreicht haben. Diese Zahlen sind erstaunlich niedrig, wenn man sie mit heutigen Migrationen vergleicht. Schätzt man die Bevölkerung des alten Reichsgebiets auf 5 bis 6 Millionen im 12. und 13. Jahrhundert, dann betrug die Abwanderung jeweils immerhin etwa 7%. Der Hauptteil des Bevölkerungsüberschusses muss aber in die Binnenkolonisation und in das Wachstum der Städte gegangen sein.

Bevölkerungszunahme und Rodung dürften den größten Beitrag zum ökonomischen Wachstum des Hochmittelalters erbracht haben. Die Rodung neuer Flächen bedeutete einen Anstieg der Arbeitsproduktivität. Durch das Wachstum der Bevölkerung wurden fixe Kosten etwa für die Infrastruktur an Straßen, Brücken und Häfen auf eine größere Zahl Menschen verteilt. Die Spezialisierung in der Landwirtschaft wurde möglich, und es wurden Kapazitäten freigesetzt für Tätigkeiten in den Gewerben und im Handel und Transport.

Produktivität der Landwirtschaft

Die wachsenden Städte mussten ernährt werden: Ohne eine Steigerung von Produktion und Produktivität in der Landwirtschaft wäre dies nicht zu schaffen gewesen. In einigen neueren Untersuchungen wird das günstige Klima – man spricht von einer mittelalterlichen Wärmeperiode seit etwa 900 mit einem Optimum von 1180 bis 1300 – als wichtigste Grundlage für die Steigerung der Produktion herausgestellt. Gegenüber den im 9. Jahrhundert belegten Erträgen ist im Saat-Ernte-Verhältnis eine Verbesserung erreicht worden. Dieses Maß der Ertragskraft als bäuerlicher Ernteerfolg entspricht dem Denken der Zeit besser als der moderne Flächenertrag, der die Produktivität des Bodens pro Hektar misst. Die Produktion kann indessen durchaus auch erhöht werden, ohne dass das Saat-Ernte-Verhältnis sich ändert: dichtere Saat auf derselben Fläche, Saat auf größeren Flächen unter Beschränkung der Brache, Anbau von Sorten mit hohem Ertrag. Leider erlauben es die Quellen nur in wenigen Fällen, diese Einflüsse zu quantifizieren.

Für die Mitte des 12. Jahrhunderts liegen Zahlen über die Erträge einiger Güter der Abtei Cluny in Burgund zwischen 1:2 und 1:4 vor. Wenn man die karolingischen Erträge damit vergleicht, erscheint die Steigerung nicht überwältigend. Sicher ist mit sehr großen Schwankungen von Ernte zu Ernte zu rechnen. Durchschnittliche Ertragszahlen bedeuten deshalb wenig für die gelebte Alltagswirklichkeit. Wenn das Saat-Ernte-Verhältnis 1:3 beträgt, dann hungern in einem Jahr, wo nur 1:2 erreicht wird, eben doch viele Menschen, wenn Vorratshaltung oder ein Austausch verschiedener Regionen mit unterschiedlichen Ernteergebnissen fehlen. Überraschend sind die Angaben, die das *Domesday Book*, ein auf Geheiß des Königs angelegtes Güterverzeichnis, für England überliefert. In der kurzen Zeit von 1066 bis zur Abfassung des *Domesday Book* 1085/86 wird eine erstaunliche Steigerung fassbar: In der Grafschaft Cambridge wird die Zunahme der Erträge auf 40% geschätzt, in der Grafschaft Lincoln auf 50%. Für Essex, Norfolk und Suffolk wird eine Verdoppelung angenommen. In dieser Zeit ist in England noch kaum Bevölkerungswachstum festzustellen, das erst um 1120 eingesetzt hat. England ist das beste Beispiel für eine Entwicklung, bei der zuerst ein Aufschwung in der Landwirtschaft erfolgte, durch den die Subsistenzmittel für das erst später einsetzende Bevölkerungswachstum bereitgestellt wurden.

Für die weitere Entwicklung seit dem 13. Jahrhundert ist die Einteilung in zwei mittelalterliche Phasen vorgeschlagen worden. In einer ersten Phase von 1200 bis 1250 sei bei den vier Hauptgetreiden mit durchschnittlichen Ertragsverhältnissen von 1:3 (Frankreich) bis 1:3,7 (England) zu rechnen. In einer zweiten Phase von 1250 bis 1500 steigen diese Durchschnitte auf 1:4,3 (Frankreich) bis 1:4,7 (England). Allerdings verbergen sich dahinter erhebliche Schwankungen von Jahr zu Jahr, von Ort zu Ort, von Getreidesorte zu Getreidesorte. Die Steigerung des Saat-Ernte-Verhältnisses von 1:3 auf 1:4 ist ein viel bedeutenderer Sprung als die prozentual gleiche Steigerung von 1:9 auf 1:12. Die für die nächstjährige Aussaat zu reservierende Saatgutquote beträgt nämlich bei 1:3 ein ganzes Drittel des Ertrags, bei 1:4 nur noch ein Viertel. Der anderweitig verfügbare

Anteil steigt von zwei Dritteln auf drei Viertel. Mit jeder zusätzlichen Einheit wird der Nettogewinn geringer. Ausgehend von einem sehr geringen Saat-Ernte-Verhältnis vermag eine erste geringe Steigerung einen wesentlich stärkeren Wachstumsschub auszulösen als eine verhältnismäßig gleiche Zunahme auf einem höheren Niveau. Die Produktivitätssteigerung bildet zusammen mit der Rodung den Kern des hochmittelalterlichen Wachstumsschubs.

Dreizelgenwirtschaft

Im Hochmittelalter hat sich die bereits in karolingischer Zeit bekannte Dreifelderwirtschaft in Zentral-, West- und Nordeuropa breit durchgesetzt. In der am weitesten entwickelten Ausprägung wurde die Flur in drei offene Felder eingeteilt. Jeder Bauer bewirtschaftete in allen drei Feldern eine etwa gleiche Fläche in Streifenparzellen. Es unterlag dem Flurzwang, wann in welchem Feld welches Getreide angebaut wurde, wann man pflügte, eggte, säte, erntete. Das besäte Feld musste zum Schutz vor weidendem Vieh eingezäunt oder – mit einem anderen Wort – eingezelgt werden. Davon kommt der Begriff der Zelge für das einzelne Feld und der Begriff Dreizelgenwirtschaft. Der Vorteil gegenüber der Zweifelderwirtschaft, bei der jedes Jahr die Hälfte des Landes brach liegt, besteht in der Verringerung der Brache auf bloß ein Drittel der Ackerfläche. Von manchen Forschern ist allerdings eingewendet worden, dass dieser Gewinn vielleicht durch den Rückgang der Erträge wegen stärkerer Beanspruchung der Böden zunichte gemacht wurde. Man spart aber auch die Fläche für permanente Wege zu den einzelnen Äckern ein. Wenn jeder Bauer selbständig die Produktion bestimmen würde, müsste er auch jederzeit einen Zugang zu seinen Äckern haben, der nicht über das Land seiner Nachbarn führt. Der dritte Vorteil der Dreifelderwirtschaft besteht in einer Verringerung des Risikos von Fehlernten: Gedeiht in einem Jahr das Wintergetreide nicht, so kann doch das Sommergetreide gut herauskommen. Man kann, wenn der Fehlschlag bei Weizen oder Roggen feststeht, im April auf dem Brachfeld noch Hafer oder Gerste säen. Die Intensivierung der Nutzung durch die

Dreifelderwirtschaft beschränkte indessen die Weidemöglichkeiten auf der reduzierten Brache, weshalb es zu geringerer Viehhaltung mit Rückgang der Düngemittel, zu vermehrten Weidekonflikten in Wald und Heide und seit dem 12. Jahrhundert zum Abbau kollektiver Nutzungsrechte kam. Schon um 1200 gab es im Gebiet von Mailand keine Spuren der gemeinsamen Rechte mehr. In der lombardischen Ebene, in Ligurien und in der Toskana verschwanden gemeinsame Nutzungsrechte wie das Nachlesen der Ähren auf den abgeernteten Äckern. In Latium und im Süden, insbesondere in der Campagna, hörten gemeinsame Weiderecht auf der Brache und auf den Stoppelfeldern auf. Nun begegnen auch erste Regelungen über Zulassungsbedingungen zu den Nutzungsrechten an Allmende, Weide und Wald: So wird die Bewirtschaftung eines Vollbauerngutes im Dorf selbst zur Bedingung gemacht. Damit grenzte sich die Gruppe der dörflichen Vollbauern gegen Fremde und Gäste ab und erlangte rechtliche Identität.

In Frankreich finden sich Anzeichen für eine breitere Durchsetzung der Dreifelderwirtschaft seit der ersten Hälfte des 12. Jahrhunderts. Im deutschen Gebiet liegt der Schwerpunkt der Entwicklung zur Dreizelgenwirtschaft auf breiter Front erst im 13. oder sogar erst im 14. Jahrhundert. In Zentralfrankreich und vor allem im Süden wurde weiter ein zweijähriges Rotationssystem bevorzugt. In der mediterranen Agrarwirtschaft blieb die zweijährige Rotation üblich, wobei hier auch mit unterschiedlichen Getreidesorten abgewechselt wurde und die Brachenbesömmerung mit Leguminosen aufkam. Schon seit dem 12. Jahrhundert hatte man in der Lombardei, seit dem 13. Jahrhundert auch in der Toskana, die Brache im Sommer mit Bohnengemüsen angesät, was dem Boden Stickstoff als Düngung zuführte. Seit dem 13. Jahrhundert führte man in Sizilien und in den Getreidegebieten des Piemont eine dreigliedrige Rotation ein mit Wintergetreide im ersten, Frühlingsgetreide im zweiten und Leguminosen im dritten Jahr.

Weinbau

Seit dem 10. und vor allem dem 11. Jahrhundert kam es aufgrund zunehmender städtischer Nachfrage zu einem Aufschwung des Weinbaus in Katalonien, Frankreich (Champagne, Gegend von Laon und von Soissons, Île de France) und Deutschland (Mosel, Rhein); im 12. Jahrhundert wurde dann die Produktion in der Gegend von Auxerre, an der Loire und im Bordeaux intensiviert. In Italien sind vor allem Umbrien, die Toskana und Kampanien zu nennen. In Deutschland ist auf die Nachfrage der Hanse nach diesem Exportprodukt ebenso hinzuweisen wie auf den Export ins Baltikum der Produkte des vom Deutschen Orden geförderten Weinbaus in Preußen. Qualitätsweine wurden aus dem Neckargebiet, der Pfalz, dem Mittelrhein bis zur Mosel, aus dem Elsass und Südtirol ausgeführt.

Im Weinbau setzte sich überall der Teilbau durch: Die Pacht bestand in der Abgabe eines Teils des Ertrags an den Eigentümer, meist eines Drittels. Neue Weinberge wurden in neuen Vertragsformen angelegt: In Frankreich teilten Bauer und Grundherr nach den unproduktiven Jahren der Neuanlage (4–7 Jahre) die neue Rebfläche untereinander auf.

In Nord- und Mittelitalien haben sich seit dem Anfang des 13. Jahrhunderts massenhaft sogenannte Mezzadria-Verträge verbreitet: Der Besitzer brachte das Bauerngut samt Gebäuden, Geräten, Saatgut, Dünger in das gemeinsame Unternehmen ein, was ihm bei Vertragsende auch wieder in gutem Zustand zurückgegeben werden musste. Der Bauer brachte seine Arbeitskraft und die seiner Familie ein. Der Ertrag wurde oft hälftig, zuweilen aber auch in verschieden großen Anteilen unter Bauer und Besitzer aufgeteilt. Vielfach wurde der Bauer auch noch zur «Bonifikation» des Gutes verpflichtet, die in der Anlage neuer Reben oder Oliven bestand. Im arbeitsintensiven Weinbau wurde ein bedeutender Teil der wachsenden Bevölkerung beschäftigt. Er förderte die Lohnarbeit auf dem Lande. Weinlandschaften sind auch Städtelandschaften. Die städtische Bevölkerung war nicht nur Abnehmer, sondern auch in der Produktion des Weins engagiert. Städtische Weinbauern wurden am Oberrhein, in Franken und in Österreich in Zünften zusammengefasst. In großen Weinstädten wie Köln, Straßburg, Trier oder Luxemburg erbrachten Abgaben auf den Wein bedeutende Anteile der städtischen Einnahmen.

Technische Neuerungen

Zur Bearbeitung schwerer lehmiger Böden, besonders aber für die Rodung war der Beetpflug mit asymmetrischer Schar, Sech und Streichbrett geeignet. Er reißt die Scholle nicht nur auf wie der Hakenpflug, sondern er schneidet sie ab und legt sie über das Streichbrett um. Der Beetpflug fand erst seit dem 11. Jahrhundert weite Verbreitung. Vielfach wurden Hakenpflug und Beetpflug nebeneinander eingesetzt. Für die Traktion eines schweren Beetpflugs wurde gemäß dem englischen *Domesday Book* auf den Domänen mit acht Ochsen gerechnet. Im bäuerlichen Einsatz mussten wohl gewöhnlich zwei Ochsen genügen. Im Süden blieb der Hakenpflug vorherrschend.

Auch wenn die Nachteile der römischen Anschirrungen früher überschätzt wurden, hat doch die weite Verbreitung des um 800 erstmals belegten Kummets eine erhöhte Traktionsleistung der Pferde und die Verwendung von Pferden anstelle von Ochsen beim Pflügen eine erhöhte Arbeitsgeschwindigkeit ermöglicht. Das Pferd bewegt sich bei gleicher Zugkraft etwa anderthalbmal so schnell wie der Ochse. Außerdem ist es ausdauernder: Es kann auf dem Feld zwei Stunden länger eingesetzt werden. Seit dem 11. Jahrhundert werden Darstellungen von mit Kummet angespannten Pferden beim Pflügen und Eggen häufiger. Über Byzanz kam der Hufbeschlag in den Okzident, wo er seit dem 11. Jahrhundert überall verbreitet war. Damit verbunden war ein Aufschwung des Hufschmiedhandwerks, das sich auf dem Land auszubreiten begann und mit dazu beitrug, ländliche Siedlungen zu Dörfern aufzuwerten.

Der Übergang zum Pferd als Zugtier beim Pflügen und beim Warentransport erfolgte in verschiedenen Gegenden in unterschiedlicher Intensität; in Südeuropa blieb er fast ganz aus. Umgekehrt sind in der Normandie im 13. Jahrhundert Ochsen als Zugtiere praktisch verschwunden. Darauf, dass bereits am Ende des 11. Jahrhunderts vielfach Pferde eingesetzt wurden, deutet der Schutz hin, den Papst Urban II. 1095 auf dem Konzil von Clermont für Arbeitsochsen, Pflug- und Traktionspferde und ihre Führer anordnete. Differenziert ist diese Frage nur für England untersucht. Hier belief sich zur Zeit des *Domesday Book* die Zahl der Pferde auf nur etwas mehr als 5 % der Traktionstiere auf den Domänen; zu Beginn des 14. Jahrhunderts waren es über 20 % auf den Domänen und fast 50 % in den bäuerlichen Betrieben, in manchen Gegenden sogar 75 %. Die Veränderung ging vor allem von den Bauern aus. Die im 12. und 13. Jahrhundert zunehmende Marktverflechtung motivierte zum Übergang vom langsamen Ochsen zum schnelleren und wendigeren, aber auch teureren Pferd. Pferde beschleunigten den Warentransport, vergrößerten die Reichweite der Warentransaktionen und damit auch der Warenzirkulation. Der Einsatz von Pferden beim Pflügen und Eggen erlaubte bei gesteigerter Arbeitsproduktivität eine intensivere Bewirtschaftung. Die Brache wurde stark reduziert, erbrachte damit aber auch kaum mehr Viehfutter, was den Anbau von Futterpflanzen für Pferde notwendig machte. Der Futteranbau erlaubte auch eine Ausweitung der Viehzucht zur Produktion von Fleisch, für das aus den wachsenden Städten eine unersättliche Nachfrage entstand. In Norfolk, Essex und Hertfordshire wurde 1250–1349 über 60 % des Viehs auf den Domänen für die Nahrungsproduktion gehalten.

Verbreitung von Mühlen

Seit dem 11. Jahrhundert ist es zu einer großen Verbreitung von Wassermühlen gekommen. Im Gebiet des heutigen Département Aube in Frankreich sind im 11. Jahrhundert 14 Mühlen belegt, im 12. Jahrhundert sind es schon 60 und im 13. Jahrhundert 200. Für England verzeichnet das *Domesday Book* 1086 in 34 Grafschaften insgesamt 9250 Gutsbetriebe (*Manors*). Von diesen verfügten 3463 über eine oder gar zwei eigene Mühlen. Insgesamt zählt das *Domesday Book* 5624 Wassermühlen. Im Durchschnitt kam auf 50 Haushalte eine Wassermühle. Die Zahl der Mühlen hat sich in England bis 1300 dann auf mindestens 12 000 verdoppelt oder sogar auf 15 000 erhöht. Die Mühlen setzten bäuerliche Arbeitskraft frei, die insbesondere durch Frauen mühsam an Handmühlen geleistet worden war; der Zwang, in der herrschaftlichen Mühle gegen Gebühren zu mahlen, verschaffte den Herren eine Rendite ihrer Investition.

Erst im Mittelalter wurde die Gezeitenmühle entwickelt, die die durch Ebbe und Flut erzeugte Wasserkraft nutzt. Zu 1044 und 1078 sind zwei Gezeitenmühlen in den Lagunen der italienischen Adria (Equilio und Venedig) genannt. Aufgrund des höheren Gezeitenhubs geeigneter waren indessen die atlantischen Küsten. Zwischen 1066 und 1086 wurde eine solche Mühle am Eingang des Hafens von Dover in England errichtet. Im 12. Jahrhundert finden sich Gezeitenmühlen sowohl an der Küste Frankreichs bei Bayonne wie an der Küste Englands bei Woodbridge.

Eine wichtige Neuerung des 12. Jahrhunderts brachte die Entwicklung der Windmühle. Das technische Problem bestand darin, die Kraft des Windes kontinuierlich einzufangen, obwohl dieser aus verschiedenen Himmelsrichtungen weht. Der Mechanismus, an dem das Windrad befestigt ist, wurde deshalb frei drehend auf einem Mittelpfosten angeordnet, so dass sich das Rad jeweils in den Wind drehen konnte. Diese Bockwindmühle ist zwischen 1180 und 1190 in der Normandie und in England belegt. Papst Coelestin III. (1191–1198) unterwarf Windmühlen der Zehntpflicht an die Kirche. Vor allem in Gebieten, in denen im Winter die Fließgewässer zufrieren, wandte man sich der neuen Technik zu. Seit dem 13. Jahrhundert verbreitete sich die Windmühle rasch.

Die Nockenwelle ermöglichte es, die Umdrehung der Mühle in eine Auf-und-ab-Bewegung zu übersetzen. Damit war die moderne Maschine geboren. Die hydraulische und die äolische Kraft der Mühle konnte nun für die verschiedensten Aufgaben eingesetzt werden. Die erste Walkmühle ist 983 in der Toskana am Fluss Serchio belegt. Sogenannte *fullae*, wahrscheinlich gleichfalls Walkmühlen, erwähnt eine Schenkung aus dem Jahr 1008 an ein Kloster in Mailand. Auch in Grenoble war schon in der ersten Hälfte des 11. Jahrhunderts eine Walkmühle in Betrieb. In England wird die erste Walkmühle 1185 in Barton in Gloucestershire genannt; in großer Zahl erfolgte ihre Verbreitung hier aber erst seit den 1340er Jahren. Im 12. und 13. Jahrhundert ist die Walkmühle in einigen flandrischen und brabantischen Tuchstädten eingeführt worden. Durch das Walken wurden Tierhaare oder Gewebe in Trögen durch langanhaltendes Schlagen oder durch Stampfen mit den Füßen verfilzt. Nun konnte man dies durch Walkhämmer besorgen lassen. Gegenüber dem Verfahren mit den Füßen brachte die Walkmühle eine Steigerung der Produktivität um das Drei- bis Vierfache. In Grenoble ist in der ersten Hälfte des 11. Jahrhunderts auch eine Hanf- und Flachsmühle belegt. In der Leinenproduktion konnte die aufwendige Arbeit des Hanf- und Flachsbrechens nun durch hydraulisch betriebene Hämmer geschehen.

Die Übertragung des hydraulischen Antriebs auf das Eisengewerbe gilt als innovativer Umbruch. Am Anfang standen wohl Schleifmühlen zum Schärfen von Pflugscharen, Sensen, Messern und Schwertern. Dann folgte der Antrieb von Blasebälgen, nicht viel später von Poch- und Eisenblechhämmern; im 13. Jahrhundert verbreiteten sich schließlich schwere Schmiedehämmer. Im Jahr 1010 wird die Ortschaft Schmiedemühlen in der Oberpfalz genannt, deren Name vielleicht auf eine hydraulische Schmiede hindeutet. 1073 ist in Nordspanien wohl das Gebläse eines Schmelzofens bereits mit Wasserkraft betrieben worden. Der früheste sichere Beleg für eine Wasserschmiede findet sich 1135 in Frankreich. Im 13. Jahrhundert finden sich Schmiedemühlen von Kalabrien im Süden bis nach England, Schlesien und Schweden im Norden. Ende des 13. Jahrhunderts werden auch große Blasebälge von Hochöfen hydraulisch angetrieben. Standorte am Wasser oder auch in der Nähe von Wäldern für den Nachschub an Holzkohle bedingten die räumliche Trennung der Verhüttung vom Erzabbau.

Die Verhüttung verbrauchte enorme Energiemengen. Zur Gewinnung von 50 kg Eisen mussten 200 kg Erz mittels 25 m^3 Holz bzw. daraus gewonnener Holzkohle ausgeschmolzen werden. Auch Erzwaschanlagen, die eine erhöhte Produktivität der Verhüttung ermöglichten, mussten am Wasser betrieben werden. Pochhämmer zum Aufbrechen von Erzklumpen sind schon seit dem Beginn des 13. Jahrhunderts vereinzelt belegt. Der Übergang vom direkten zum indirekten Verhüttungsverfahren ist durch diese Innovationen begünstigt worden, aber keineswegs überall erfolgt. Im direkten Verfahren in Rennöfen reduziertes Eisenerz (Luppe) ist kohlenstoffarm und deshalb ohne weitere Behandlung schmiedbar. Leistungsstarke Stück- und Floßöfen für das indirekte Verfahren wurden seit dem 13. Jahrhundert bevorzugt am Wasser errichtet. Die Luppe war größer und musste daher mit wassergetriebenen Schmiedehämmern bearbeitet werden. Das Eisen war erst nach dem Frischen schmiedbar. Es ist nicht zu einem Übergang, sondern eher zu einem Nebeneinander der beiden Verfahren an unterschiedlichen Standorten gekommen. Hydraulische Energie wurde auch in der Gerberei (erstmals 1135 nahe Paris), zum Sägen (erstmals 1204 in der Normandie), zum Pressen von Oliven und von Nüssen, zum Zerstoßen verschiedener Ausgangsprodukte in Pulverform (also als Mörser), später zum Stampfen der Hadern in der Papierherstellung genutzt.

Die Nutzung der aus Wasserkraft und Wind durch Mühlen erzeugten Energie ist das Kernstück der sogenannten industriellen Revolution des Mittelalters. Ein im landwirtschaftlichen primären Sektor entwickelter technischer Fortschritt wurde auf den gewerblichen sekundären Sektor übertragen: ein für die präindustrielle Ökonomie charakteristischer Vorgang.

Steigerung der Eisenproduktion

Für die Entwicklung der hochmittelalterlichen Wirtschaft war die Verbreitung des Eisens von entscheidender Bedeutung. Der schwere Beetpflug benötigte eine starke Eisenschar, wenn er auf lehmigen Böden oder gar im Rodungsgebiet eingesetzt wurde. In der Rodung wurden schwere Äxte, große Sägen und Haumesser aus Eisen eingesetzt. Pferde benötigten eiserne Hufbeschläge. In der Kriegstechnik führten Kettenhemden, Rüstungen, Schwerter und Eisenbolzen für Armbrüste zu einem steigenden Bedarf.

Auch im Bausektor wurde mehr Metall verwendet. Die Wände gotischer Kirchen wurden durch aufwendige Metallkonstruktionen in ihrem Zusammenhalt gesichert. Zwischen 1066 und 1086 hat sich die Eisenproduktion in England gemäß dem *Domesday Book* verdreifacht.

Für die Lombardischen Alpen lässt sich zeigen, dass die grundherrschaftlich gebundene, durch Hufenbauern als Nebentätigkeit betriebene und durch deren Eisenabgaben an die Klöster dokumentierte Produktion im 11. Jahrhundert in den Rahmen der Bannherrschaften übergegangen ist. Seit der Zeit um 1200 wurden Prospektion und Abbau in rein privater Initiative durch Genossenschaften betrieben, deren Mitglieder Anteile der Schürfrechte besaßen, aufgrund derer ihre Arbeiter jeweils an einigen Tagen am Berg aktiv sein durften. Abgaben waren an die Bannherren zu bezahlen. Das indirekte Verhüttungsverfahren hat sich hier zu Beginn des 13. Jahrhunderts verbreitet; im Veltlin ist es 1226 belegt. Da bei diesem hohe Temperaturen erfordernden Verfahren Wasserkraft zum Betrieb der Gebläse notwendig ist, fand die Verhüttung nun nicht mehr direkt beim Bergbau statt. Die Hochöfen waren in kommunalem Besitz. Zolltarife zeigen einen regen Eisenhandel, der ein sich vervielfältigendes Metallhandwerk alimentierte. Die Insel Elba bot reiche Eisenvorkommen. Allerdings zwang der Mangel an verfügbarem Brennholz dazu, die Verhüttung unter erheblichen Transportkosten auf dem Festland vorzunehmen. Im 12. und 13. Jahrhundert wurde Westfalen und das Gebiet von Nassau und Bergen zu einem Hauptproduktionsgebiet für Eisen in Europa. In Süddeutschland wurde Eisen bei Amberg gewonnen, außerdem in der Steiermark und in Tirol. Eisenguss ist im 14. Jahrhundert in Schweden erstmals belegt.

Salzgewinnung und Salzhandel

Mensch und Tier benötigen Salz. Ein gesunder Salzkonsum umfasst beim Menschen jährlich 1,5 bis 2 kg, bei der Kuh rund 33 kg, beim Kalb 9 kg, beim Pferd 18 kg. Salz wird zur Herstellung von Käse und zur Konservierung von Lebensmitteln, insbesondere Fisch, in großen Mengen gebraucht. Da man im Mittelalter nicht wusste, dass Salz überall vorkommt, kam es zu teilweise großen Handelsdistanzen zwischen Produktions- und Importgebieten. Meersalz wurde an flachen Küstenstrichen von Mittelmeer und Atlantik bis auf die Höhe von Guérande in der Bretagne durch Verdunsten des Wassers in seichten Becken gewonnen. Weiter im Norden bis etwa auf die Höhe von Königsberg wurde Meerwasser auch gesotten. Meersalzsiedereien waren im 11. Jahrhundert an der Küste der nördlichen Bretagne bis ins Ponthieu aktiv. Das Wasser von Nord- und Ostsee ist dafür aber zu wenig salzhaltig. Für England verzeichnet das *Domesday Book* von 1086 insgesamt 1195 *salinae*. Hier wurde das Meerwasser zum Verdunsten in kleine Becken geleitet, bevor dann die Sole auf Torffeuern gesotten wurde. Gegen Ende des 12. Jahrhunderts begann Venedig den Salzhandel mit Meersalz aus Chioggia, seit dem 13. Jahrhundert auch aus Cervia zu kontrollieren. Seit 1240 importierte es Salz aus dem gesamten Mittelmeergebiet. 1281 wurde den Kaufleuten vorgeschrieben, Salz über Venedig zu vermarkten. Im ausgehenden 13. Jahrhundert versuchte Venedig sogar, den Weltmarktpreis für Salz in die Höhe zu treiben, indem es die Salinen auf Kreta zerstörte. Finanziert von der Salzbehörde drangen venezianische Kaufleute immer weiter vor, kauften Salz an der afrikanischen Küste von Ägypten bis Algerien. Hauptkonkurrenten der Venezianer waren die Genuesen, die vor allem auch auf Sardinien, in der Provence, im Languedoc, in Hyères in der Nähe von Toulon, in Spanien und auf Ibiza Salz kauften.

Steinsalz wurde im Mittelalter vor allem in der Franche-Comté, in Lothringen, in den österreichischen Alpen, im Gebiet von Lüneburg, in den polnischen und rumänischen Karpaten und in Spanien bei Cardona gewonnen. Bei natürlichen Salzbrunnen trat Wasser mit Salz angereichert an die Oberfläche, Steinsalz wurde aber vorwiegend bergmännisch gefördert. Die Sole wurde in Pfannen gesotten. Salz wurde seit dem frühen Mittelalter im Rahmen der Grundherrschaften gewonnen, was insbesondere die Salzabgaben zur Eigenversorgung der Klöster, etwa der Abtei Prüm, belegen. Nur ein Drittel des Ertrags ging hier an die Sieder, überschüssige Mengen gelangten in den Verkauf. Im 12. Jahrhundert treten die Sieder als freie Pächter auf. Die Salinen von Halle in Obersachsen gingen im 12. Jahrhundert von geistlichem in adligen und bürgerlichen Besitz über. Dass man in Reichenhall nach 1100 durch abgeteufte Brunnenschächte auch tiefere soleführende Schichten anschnitt, ist als technische Revolution bezeichnet worden, die zur Entstehung des Laugwerkverfahrens in den Ostalpen führte. Dabei wurde Süßwasser in die Schächte eingefüllt, in dem sich dann Salz löste. Die angereicherte Sole wurde abgeschöpft und dann gesotten. Dies ermöglichte eine im Vergleich mit den Quellsalinen sehr regelmäßige Produktion. Die Lüneburger Salinen verdreifachten ihre Produktion von 5200 Tonnen um 1200 auf 15 000 Tonnen um 1300. Verhandelt wurde das Salz zuerst in Niedersachsen, Mecklenburg, Schleswig-Holstein, Jütland, dann durch Vermittlung Lübecks an der Ostsee, im gesamten Baltikum, in Skandinavien bis Bergen in Norwegen, nach Russland bis Novgorod. Den Salzhandel dominierte hier die Hanse. Riesig war der Bedarf für die Herstellung von Salzheringen: Auf ein Fass Heringe kam auch ein Fass Salz. Die Heringsfischerei entwickelte sich dank Salzkonservierung zu einem Exportschlager in Schweden, Norwegen, Island, Ostengland und Holland. Im 12. Jahrhundert nahm auch die Steinsalz-Ausbeutung in Reichenhall in den bayrischen Alpen und in Hallein im Salzkammergut, in Salins in der Franche-Comté und in Salsomaggiore in Italien einen Aufschwung.

Der Salzkonsum des Mittelalters lief weitgehend über konservierte Nahrungsmittel. Die große Nachfrage nach Salz konzentrierte sich vor allem auf zwei Zonen: die Fischfanggebiete der nördlichen Küsten und Spaniens und die Gebirgsregionen mit Weidewirtschaft von den Pyrenäen bis in die Karpaten. Bezeichnend für den hochmittelalterlichen Aufschwung ist, dass die Herrscher im 12. Jahrhundert begannen, ein Regalrecht am Salz zu beanspruchen.

Entstehung und Gründung neuer Städte

Seit etwa dem Jahr 1000 begann die Siedlungsverdichtung auf dem Land, wenig später wird das Bevölkerungswachstum auch in der Städtebildung fassbar. Vielfach haben sich ländliche Siedlungen zu Städten entwickelt. Es kam sowohl zur Bildung neuer Städte wie auch zur Wiederbelebung zum Teil seit spätrömischer Zeit bestehender Städte. Städte sind im Mittelalter nie aus sich selbst heraus gewachsen, sondern immer durch Zuwanderung vom Lande. Ein Teil des ländlichen Bevölkerungsüberschusses konnte in die Städte ziehen, dadurch für deren Wachstum sorgen und dank höherer Nahrungsmittelproduktion dort auch ernährt werden. Weil mit der sich anbahnenden Arbeitsteilung auch ein Austausch zwischen Stadt und Land erforderlich war, entwickelten sich die städtischen Märkte, aus ländlichen Märkten wurden Marktorte und schließlich Städte. Bei der großen Masse der entstehenden Städte war es nicht der spektakuläre Fernhandel, der zum Aufschwung führte, sondern die Nahmarktfunktion. Dass vielfach am Rande bestehender Siedlungskerne Kaufmannssiedlungen entstanden, hat sich oft tiefgreifend auf die innerstädtische Entwicklung ausgewirkt. Viele Städte verdankten ihre Entstehung einer Herrschaftsfunktion: Als Mittelpunkt von Verwaltung und Herrschaft gewannen diese Orte einen Bedeutungsüberschuss über das umgebende Land. Wichtig wurde in einzelnen Landschaften die gewerbliche Spezialisierung: Das klassische Beispiel dafür ist das flandrische Tuchgewerbe, das eine dichte Städtelandschaft entstehen ließ. Städtegründungen auf der grünen Wiese sind äußerst selten gewesen. Sie kommen allenfalls in Rodungsgebieten vor. Zu eigentlichen Gründungswellen ist es schon im 11. Jahrhundert in Frankreich, in Flandern und in Spanien gekommen. Deutschland, England und Italien folgten im 12. Jahrhundert. Abgesehen von Kümmerformen, etwa sogenannten Ackerbürgerstädten mit rein dörflicher Struktur, sind Städte überall zu wirtschaftlichen Zentren für das Umland geworden, insbesondere durch ihre Marktfunktion, viele auch zu Zentren des Handels, alle zu Zentren des Handwerks.

Handwerk und Zünfte

Im Bauhandwerk ist es seit dem 10. Jahrhundert zu einem Aufschwung gekommen, der sich in einer Rückkehr zum Steinbau und vor allem in einem regelrechten Boom im Kirchenbau ums Jahr 1000 fassen lässt. Riesige Baustellen wie diejenige der dritten Abteikirche von Cluny von 1088 bis 1120 haben für ganze Regionen eine wirtschaftliche Dynamik entfaltet. Der Bau von Burgen, Brücken, Stadtmauern und Steinhäusern in den wachsenden Städten ließ den Bausektor weiter wachsen.

Die gesteigerte Nachfrage nach Eisenprodukten führte dazu, dass die metallverarbeitenden Handwerke, zuvor grundherrschaftlich gebunden etwa bei den Zisterziensern, aber auch in weltlichen Herrschaften, in den Bergbauregionen und in den Städten enorm zunahmen.

Im Textilhandwerk hat eine technische Neuerung des frühen 11. Jahrhunderts in Flandern und in der Champagne einen rasanten Aufschwung begünstigt: An die Stelle des vertikalen trat der horizontale Webrahmen, der die Herstellung langer Tuchstücke ermöglichte. Die Tuchweberei ging dabei von Frauen- in Männerhände über. Die Wolltuchherstellung für den Export nahm zuerst in Douai, Arras und St-Omer zu, dann in Ypern, Tournai und Lüttich. Dabei setzte sich eine mittelalterliche Arbeitsteilung unter viele spezialisierte Arbeitskräfte durch: Frauen bereiteten in mehreren Schritten als Kämmerinnen, Spinnerinnen an der Kunkel (das Spinnrad kam erst im ausgehenden 13. Jahrhundert zur Anwendung) und durch die Verarbeitung zu Strängen den Faden zu, der dann von männlichen Webern zum rohen Stoff verarbeitet wurde. Darauf folgte die Reinigung, das Walken, das Schlagen, erneutes Walken, allenfalls das Färben, denn Tuche wurden ungefärbt oder gefärbt in den Handel gebracht. Nur in England, wo der horizontale Rahmen schon zu Beginn des 12. Jahrhunderts verwendet wurde, wurden ähnlich begehrte Qualitätstuche hergestellt. Erst in der zweiten Hälfte des 13. Jahrhunderts fanden die Florentiner Wolltuche neben denjenigen aus Mailand allmählich eine weitere Verbreitung, aber Tuche aus Bergamo, Bologna, Brescia, Como, Cremona, Mantua, Parma, Pavia, Piacenza, Reggio und Verona standen ihnen kaum nach. Im 11. Jahrhundert entstand auf der Grundlage des importierten Rohstoffs die norditalienische Produktion von Baumwolltüchern in Piacenza, Pavia und Cremona. Im 12. Jahrhundert folgten Genua, Lucca und Pisa. Die Baumwolle importierten die Genuesen aus Nordafrika, Malta, Sizilien und Kalabrien. In Venedig traf erstklassige Baumwolle aus Syrien und Armenien ein nebst den schlechteren Qualitäten aus Griechenland. Diese Baumwolle wurde in Verona, Parma, Piacenza, Cremona, später auch in Mailand verarbeitet.

Seit dem 11. Jahrhundert entwickelte sich Lucca zu einem Zentrum der Seidenstoffherstellung. Hier wurde eine Seidenzwirnmühle entwickelt, die es ermöglichte, mit Wasserkraft gleichzeitig bis zu 200 Spindeln anzutreiben und damit die Arbeit von Hunderten von Zwirnerinnen zu ersetzen. Von Lucca aus brachten aus politischen Gründen emigrierte Seidenhandwerker diese Produktion zu Beginn des 14. Jahrhunderts auch nach Venedig.

Eine wesentliche Neuerung im Handwerk brachte der Verlag. Bei dieser Produktionsform kaufte ein Unternehmer das Rohmaterial, z. B. die Rohwolle aus England, Frankreich, Spanien oder auch Italien, gab diese dann den Lohnspinnerinnen zur Herstellung des Garns; das gesponnene Garn entlohnte er ihnen zu einem Stücklohn, gab das Garn dann einem Handwerker, der über seine eigenen Produktionsmittel verfügte, z. B. über einen Webstuhl, zum Verweben und nahm diesem dann das Zwischenprodukt, das rohe Wolltuch, wieder zu einem Stücklohn ab. Das Tuch gab er zu weiteren Veredelungsschritten an weitere Handwerker. Einzelne Produktionsschritte ließ der Unternehmer auch in eigenen Werkstätten ausführen. Diese Organisationsform entsprach einer kapitalarmen Wirtschaft. Die starke Stellung des Kaufmanns ergab sich nicht nur aus der Bevorschussung der handwerklichen Tätigkeit, sondern auch aus seiner Marktkenntnis und seinen Handelsverbindungen, die ihm erst den günstigen und fachmännischen Rohwareneinkauf an fremden Orten und den Absatz der Fertigprodukte über den Fernhandel ermöglichten.

Die Handwerke haben sich nur allmählich aus den grundherrschaftlichen bzw. hofrechtlichen Bindungen gelöst. Zünfte der Handwerker sind sowohl als hofrechtliche oder stadtherrliche Zwangsverbände zur Gewerbe- und Marktkontrolle wie als freiwillige Vereinigungen von Berufsgruppen zur Wahrnehmung gewerblicher Interessen nach bestimmten Regeln entstanden. Sie haben sich im Lauf der Zeit überall in Europa vor allem in Städten gebildet, in denen eine größere Anzahl von Handwerkern desselben Berufs tätig war. In Deutschland werden 1099 die Weber in Mainz genannt, 1106 die Fischer in Worms, 1128 die Schuhmacher in Würzburg, 1149 die Bettdeckenweber in Köln. Das Wort Zunft wird außerhalb der Dichtung erstmals in der Urkunde des Basler Bischofs von 1226 für die Kürschner verwendet, und zwar als deutsche Übersetzung des lateinischen Wortes *confraternia* (Bruderschaft), was auch auf die religiös-karitative Komponente der Zünfte hinweist. Der Bischof bestätigte hier auch den Zunftzwang, das zentrale Element beinahe jeder Zunft: Alle, die das betreffende Gewerbe ausüben wollen, müssen der Zunft angehören und deren Regelungen befolgen. Die Zunft musste durch eine Aufnahmegebühr gekauft werden. Im Verlauf der Zeit erlangten die Zünfte vielerorts eine gewisse Autonomie: Sie verfassten ihre Ordnungen und Statuten selbst, Eintrittsbedingungen wurden weitgehend von ihnen festgelegt, der Zunftvorstand wurde unabhängig eingesetzt, Zünfte übten eigene Gerichtsbarkeit über ihre Mitglieder in bestimmten Bereichen aus.

Zunahme des Geldumlaufs

Plakativ wird für die Zeit des Wechsels vom 1. zum 2. nachchristlichen Jahrtausend von einem Übergang von der Natural- zur Geldwirtschaft gesprochen. Die zunehmende Verfügbarkeit von Münzgeld war für die Entwicklung der gesamten Wirtschaft grundlegend. Im deutschen Reich wurden unter Otto III. (983–1002) silberne Sachsenpfennige und Otto-Adelheid-Pfennige in großen Mengen in Goslar und Magdeburg ausgemünzt. Möglich wurde dies durch die Öffnung von Silberbergwerken im Harz in der zweiten Hälfte des 10. Jahrhunderts. Neue Bergwerke werden auch in den Vogesen (984) und im Schwarzwald

(1028) genannt, wo der Silberbergbau bereits kurz vor dem Jahr 1000 begann. Seit etwa dem Jahr 1000 wurde Silber der ungarischen Karpaten nördlich von Budapest abgebaut. Sachsen hatte nur die Initialzündung im Münzmetallbereich für die wirtschaftliche Wachstumsphase geben können. Nach 1040 sank die sächsische Silberproduktion dramatisch. Eine Zeit des Silbermangels führte nun auch zu einem Rückgang des Handels in Nord- und Ostsee. Einen erneuten Aufschwung brachte die Entdeckung der Silberminen von Freiberg in Meißen 1168. Sie dominierten die Silberversorgung Europas bis über die Mitte des 13. Jahrhunderts hinaus. Die Prägung von Friesacher Pfennigen dürfte 1125 bis 1130 eingesetzt haben. Seit 1188 ist der Abbau von Silber im böhmischen Mies bezeugt. In Dippoldiswalde im Osterzgebirge sind mehrere Silbergruben aus der Zeit um 1180/1240 nachgewiesen. Weit bedeutender war aber der 1220/30 einsetzende Silberbergbau von Iglau (Jihlava) an der Grenze zwischen Böhmen und Mähren. Trient, Montieri und Massa Marittima in der Toskana, die Insel Sardinien sowie das Lavanttal in Kärnten waren weitere bedeutende Silbererzreviere des 13. Jahrhunderts. Die zunehmende Geldwirtschaft führte im 12. und 13. Jahrhundert zu einer Kommerzialisierung aller Lebensbereiche.

Als Gewichtseinheit für das Münzsilber trat anstelle des zum Zählbegriff gewordenen Pfundes im 11. Jahrhundert die Mark. Dieses Silbergewicht ist erstmals 857 in England belegt, dann 1015 in Deutschland und erst 1080 in Frankreich. Jede Region hatte ihre eigene Silbermark, das Ausgangsgewicht, aus dem eine bestimmte Anzahl von Pfennigen geprägt wurde, war überall unterschiedlich. Auch die ausgeprägten Pfennige waren nicht nur im Münzbild, sondern auch in der Legierung und damit im Silbergehalt und im Gewicht unterschiedlich.

Als Folge der Zunahme von Marktwirtschaft und Handel wurde die Prägung größerer Münzen immer dringlicher. 1193/94 brachte Venedig die erste große Silbermünze im Wert von 24 Pfennig oder zwei Schilling heraus. Große Silbermünzen im Wert von zwei oder auch von einem Schilling nannte man *Grossi* (Groschen, Dicke). 1237 hat die Stadt Florenz einen

Grossus ausgeprägt im Wert von zwölf Pfennigen, also eines Schillings. *Denarii grossi* von Lucca in gleichem Gewicht und Feingehalt wie die venezianischen sind seit 1242 belegt. Seit der Mitte des 13. Jahrhunderts folgten viele italienische Städte mit eigenen Münzprägungen. Der seit 1266 ausgeprägte französische *Gros tournois* zu zwölf Pfennig wurde dann zum Vorbild der europäischen Groschenprägung. Für das Spätmittelalter sind die erstmals unter König Wenzel II. von Böhmen um 1300 ausgeprägten böhmischen Groschen zum verbreitetsten Silbergeld geworden. Grundlage dafür waren die Silbervorkommen von Kuttenberg (Kutna Hora). Die Silbermünzen Böhmens gelangten über den Handelsaustausch über die Route Regensburg, Nürnberg, Frankfurt und Köln in die Niederlande, nach Flandern, Brabant und England.

Goldgeld spielte nur in Spanien bereits im Hochmittelalter eine Rolle. Einen größeren Goldzufluss brachten hier die seit dem 11. Jahrhundert erfolgenden Züge gegen die mohammedanischen Gebiete, und zwar sowohl als Beute wie als Tributzahlungen. Gold aus Nordafrika gelangte auch durch die Vermittlung der Juden von Almeria und Mallorca nach Spanien. Die Juden kauften im Maghreb Gold und verkauften es in Spanien gegen Silber. Das war ein profitables Geschäft, da das Wertverhältnis von Gold zu Silber in Europa seit der Spätantike zwischen 1:8 und 1:12 schwankte, in Nordafrika aber nur 1:6, gelegentlich sogar 1:3 betrug. Gold erscheint in den christlichen Gebieten Spaniens zunehmend als Zahlungsmittel bei Landgütertransaktionen. In Katalonien wird es 970 erstmals genannt, um 1000 werden hier bereits 30% der Transaktionen damit abgewickelt, 1020 sind es mehr als die Hälfte. In der ersten Hälfte des 11. Jahrhunderts wurden in Barcelona Goldmünzen geprägt. Nach 1153 kontrollierte der König von Jerusalem in Ägypten das aus dem Sudan ankommende Gold. Damit trat die Rolle Spaniens als Vermittler zurück. Das Gold des Sudan gelangte nun über Sizilien, die Balearen und den Languedoc nach Europa.

Erst in der ersten Hälfte des 13. Jahrhunderts ist man auch in anderen Gebieten Europas durch die Prägung von Goldmünzen zum Bimetallismus zurückgekehrt. 1252 hat Genua den goldenen *genovino* geprägt. Sein Wert betrug in Silber bei der Ausgabe 240 Pfennige, das heißt ein Pfund: Es war der Versuch, das zum Zählbegriff gewordene Pfund als Münze auszuprägen. Dass die Metalle Gold und Silber damit in ein starres Wertverhältnis gebracht wurden, war wegen ihrer unterschiedlichen Preisentwicklung nicht aufrechtzuerhalten. Der Bimetallismus schuf eines der wichtigsten Münzprobleme des Spätmittelalters, nämlich das des Wertverhältnisses von Silber- und Goldmünzen. Wenige Monate nach dem *genovino* wurde erstmals jenes Goldgeld geprägt, das für lange Zeit die führende Handelsmünze Europas war: der Florentiner Gulden. Er ist bald von verschiedenen Städten und Münzherren imitiert worden. 1284 hat Venedig mit seiner berühmten Dukatenprägung begonnen. Der Goldreichtum Italiens beruhte auf Handelsgewinnen, nicht auf eigenen Vorkommen. Das meiste Gold kam nach wie vor aus Westafrika hauptsächlich nach Venedig. In Frankreich wurde 1311/13 der goldene *Mouton* im Wert von 20 *solidi* = einem Pfund *tournois* herausgegeben. Im Gebiet des deutschen Reiches hat der böhmische König Johann von Luxemburg 1325 eigene Gulden prägen lassen. Es folgte 1328 die Goldprägung durch den König von Ungarn, Karl Robert von Anjou. Die um 1320 aufgenommene Ausbeutung der Goldvorkommen von Kremnica (Kremnitz) in der Slowakei im damaligen Königreich Ungarn brachte einen Quantitätssprung in der ungarischen Goldförderung. Um etwa 1330 wurden im Reich in Judenburg Gulden unter Herzog Albrecht II. (1330–1358) geprägt. Erst 1344 setzte die englische Goldprägung ein. In der ersten Hälfte des 14. Jahrhunderts war die Ausprägung von Goldgeld besonders lukrativ. Seit Beginn des 14. Jahrhunderts stieg der Wert des Goldes im Verhältnis zum Silber rapid von 1:10 auf 1:20,9. Überragende Bedeutung im Reichsgebiet erlangte der Rheinische Gulden, der von den rheinischen Kurfürsten seit dem 14. Jahrhundert geprägt wurde.

Kredit

Die Ausstattung der Kreuzfahrer und der zunehmende Mittelmeerhandel schufen neue Kreditbedürfnisse. Das kirchliche Recht, vom weltlichen in je nach Zeit und Ort unterschiedlicher Schärfe sekundiert, hielt indessen am grundsätzlichen Zinsverbot fest. Dies hat die rechtlichen Formen der mittelalterlichen Kreditinstrumente beeinflusst. Man suchte dem Recht formal zu genügen und die unerlaubte Darlehensverzinsung durch erlaubte Geschäfte zu erreichen. Dies lässt sich am Beispiel grundpfandgesicherter Kredite verdeutlichen. Bei der Zinssatzung nahm der Gläubiger fruchttragende Güter (Äcker, Reben) des Schuldners in Pfandbesitz, bewirtschaftete sie und strich die anfallenden Erträge als Verzinsung ein. Zinssatzungen haben im 12. Jahrhundert einen enormen Aufschwung genommen. Vor allem Klöster und Kirchen, die über Edelmetall- und Münzschätze verfügten, stellten diese in Form von Zinssatzungen den Kreuzfahrern zur Verfügung. 1163 hat Papst Alexander III. die Zinssatzung aber verboten. Zunehmend auch durch weltliches Recht untersagt, wurde sie im Verlauf des 13. Jahrhunderts durch andere Geschäfte ersetzt, vor allem durch den Rentenkauf und durch den Kauf auf Wiederkauf. Dabei übertrug der Schuldner (Verkäufer) seine Güter dem Gläubiger (Käufer), aber nicht durch Verpfändung, sondern als Verkauf: Der Käufer konnte die Erträge aus seinen eigenen Gütern ohne Verstoß gegen das Wucherverbot genießen. Der Verkäufer behielt sich ein befristetes Rückkaufsrecht zum ursprünglichen Kaufpreis vor. Dieser Rück- oder Wiederkauf der Güter unterschied sich allerdings nur formal von der Rückzahlung eines vom Gläubiger in Form der Kaufsumme gewährten und durch die Erträge der Güter verzinsten Darlehens. Beim Rentenkauf erwarb der Käufer für eine bestimmte Summe (z. B. 100 Gulden) vom Verkäufer eine jährlich zu bezahlende, auf dessen Gütern grundpfandgesicherte Rente (von z. B. 5 Gulden). Nach der Lehre der mittelalterlichen Autoren handelt es sich dabei um ein erlaubtes Kaufgeschäft: Der Rentenkäufer kauft ein Rentenbezugsrecht. Verständlich wird dies durch das Fehlen eines Rückzahlungsversprechens und damit der Möglichkeit für den Käufer, die angelegte Summe vom Verkäufer zurückzufordern.

Aufschwung des Handels («kommerzielle Revolution»)

Der Aufschwung des Handels hat sich aus dem Aufschwung in der Landwirtschaft entwickelt. Die Überschüsse der Landwirtschaft bildeten die Grundlage für eine Ausweitung des sekundären und tertiären Sektors, den Aufschwung der Städte, des Handwerks und eine Zunahme der Nachfrage nach Handelsgütern. Die hochmittelalterliche Wachstumsphase war nicht das Resultat einer endogenen Ausweitung des Fernhandels, sondern sie beruhte auf ländlichen Grundlagen. Auch die Nachfrage der viel höher entwickelten islamischen Gebiete nach Sklaven, daneben nach Rohstoffen wie Holz und Eisen und nach verarbeiteten Produkten wie Waffen war nicht entscheidend. In der Landwirtschaft wurden jene Mittel erarbeitet, die erst eine kommerzielle Revolution auslösen konnten.

Der Aufschwung des Binnenhandels zeigt sich vor allem in der Vermehrung der Märkte und der Zollstellen. Im *Domesday Book* werden 1086 nur gerade 60 Märkte genannt. Fast 150 Messen und viele Wochenmärkte sind im 12. Jahrhundert neu eingerichtet worden. Auf ländlichen Märkten wurden Produkte der Agrar- und der Viehwirtschaft angeboten. Die Zunahme des maritimen Handels lässt sich anhand der Anzahl neuer Häfen und der darin erhobenen Zölle ermessen. Eine Abrechnung von 1204 über die Zolleinnahmen von 35 Häfen Englands während bloß fünf Monaten weist 4958 Pfund aus, was einem verzollten Warenwert von etwa 75 000 Pfund entspricht. Das ist so viel wie der Wert aller Herrengüter, die das *Domesday Book* verzeichnet hatte!

Im Mittelmeerhandel waren vor allem Kaufleute aus italienischen Seestädten aktiv. Im 10. Jahrhundert besorgten venezianische Kaufleute Luxuswaren des Orients – Gewürze, Seidenstoffe und Elfenbein – und lieferten aus Europa Eisen, Schiffbauholz und Sklaven. Aus eigener Produktion verkauften sie Salz und Glaswaren. Ein frühes Fernhandelszentrum war auch Amalfi. Seine Bedeutung erhellt schlaglichtartig, wenn bei einem Volksaufstand gegen die Christen in Kairo im Jahr 996 etwa hundert amalfitanische Kaufleute umgekommen sein sollen und ihnen ein Schaden von 90 000 Dinar entstanden sein soll, was rund 400 kg gemünztem Gold entspricht. Weitere wichtige Fernhandelszentren in Süditalien waren die Hafenstädte von Neapel, Gaeta, Salerno und Bari. Im Norden nahmen die Seehandelsstädte Pisa und Genua erst einen Aufschwung, als sie sich der regelmäßigen muslimischen Überfälle zu erwehren vermochten. Es gelang ihnen, die Mohammedaner 1016 aus Sardinien zu vertreiben. 1087 überfiel eine Flotte von pisanischen, genuesischen und amalfitanischen Schiffen mit dem Segen Papst Victors III. die mohammedanische Stadt Mahdiya im heutigen Tunesien, plünderte sie und erpresste Handelsprivilegien. Das zeigt den Wandel der Machtverhältnisse im Mittelmeer seit jener Zeit, als ein Kalif sich gerühmt hatte, die Christen könnten gegen seinen Willen nicht einmal ein Brett zur See lassen. Das Ende der sarazenischen Überfälle und die Umkehr der Machtverhältnisse war eine wesentliche Voraussetzung für die kommerzielle Revolution.

Den endgültigen Durchbruch brachte der Erste Kreuzzug 1096. Zwar zog das Kreuzfahrerheer auf dem Landweg ins Heilige Land, aber die Genuesen transportierten Nachschub zur See nach Antiochia und ließen sich durch Handelsprivilegien belohnen. Genua begann nun, in der Levante Kolonien und Handelshäuser (*fondacchi*) anzulegen. Die Warenströme bildeten oft ein Dreieck: Die Italiener aus Amalfi und Venedig, später aus Genua und Palermo lieferten nach Ägypten Sklaven, Eisen, Holz, erhielten dafür Gold, mit dem sie in Byzanz Seide, Alaun, Purpur, in Ägypten und der Levante Baumwolle kauften. Im 11. Jahrhundert errichteten die Venezianer aufgrund kaiserlicher Privilegien im byzantinischen Reich im östlichen Mittelmeer eigene Kolonien, so in Laodicea, Antiochia, Tharsus, Ephesus, Chios, Phokäa, Heraklion, Adrianopolis, Saloniki, Athen und Korfu. Auf der Grundlage solcher Stützpunkte hat Venedig sich bis zum Ende des 11. Jahrhunderts fast ein Monopol des Seetransports im byzantinischen Bereich des Mittelmeers sichern können.

Die italienische Vormachtstellung im Mittelmeerhandel wurde ergänzt durch wenige Städte im südfranzösischen Gebiet. So verfügte Marseille 1136 über eine eigene Kolonie in Akkon. Seit dem ausgehenden 10. Jahrhundert wurden in Katalonien Gewürze und Seidenstoffe aus dem Orient importiert. Später hat auch die Schifffahrt Kataloniens eine bedeutende Rolle im Mittelmeer spielen können.

Die Eroberungen des Genghis Khan brachten mit der *Pax Mongolica* vom frühen 13. bis ins 14. Jahrhundert relative Sicherheit für Reisende auf der Seidenstraße nach Innerasien. Ein berühmtes Zeugnis dafür ist der Bericht des Marco Polo über seine Reise nach China und seinen Aufenthalt beim Khan. Karawanenhandel brachte Seide, Pfeffer, Ingwer und andere Gewürze, Edelsteine, Lederwaren und Teppiche in den Westen, in den Osten lieferte Europa Silber, Woll- und Leinentuche sowie Pferde. Auch eine Seeroute von Südchina in den Indischen Ozean bis in den Persischen Golf und nach Afrika entstand.

Die Anfänge der Hanse

Ein Gegenstück zum Mittelmeer bildeten Nord- und Ostsee. Am Ende des 9. Jahrhunderts gingen die Skandinavier von Plünderfahrten zum Handel über. Sie fuhren jährlich nach der Schneeschmelze von Kiew den Dnjepr hinunter ins Schwarze Meer und längs der Küste bis Konstantinopel. Dorthin brachten sie Honig, Pelze und vor allem Sklaven. Für ihre Waren erwarben sie Gewürze, Seidenstoffe sowie Goldschmiedearbeiten und sogar Wein. Über das Kaspische Meer pflegten sie Handelsbeziehungen zum Kalifat von Bagdad, das vor allem an Sklaven interessiert war. Von Norwegen aus wurde ein reger Handelsaustausch mit England unterhalten. Norweger und Dänen sind auch in Bremen und Utrecht 1122 nachgewiesen, sie trieben auch Handel mit Köln und wahrscheinlich mit Flandern und mit der Normandie. Sie handelten mit getrockneten Fischen, Häuten und Fellen, gesalzener Butter und Bauholz. Im 11. Jahrhundert erlangten die Bewohner der Dörfer Gotlands in der Ostsee eine hervorragende Bedeutung. Sie fuhren nach Schweden und Russland und errichteten eine Niederlassung in Novgorod. Sie vermittelten flandrische Tuche dorthin und nahmen Pelze, Wachs und Orientwaren mit.

Um das Jahr 1000 werden Kaufleute aus dem Maasgebiet, nämlich aus Lüttich, Huy und Nivelles, im Londoner Zolltarif König Ethelreds genannt. Ethelred II. stellte für Kaufleute aus Tiel, Köln und Bremen eine Schutzurkunde aus. Die Kölner erhielten 1130 Aufenthaltsrecht in London und errichteten eine Gildhalle. Das Hauptprodukt des Kölner Handels war der Rheinwein, daneben Metallwaren; die Rückfracht war Wolle, dazu Metalle und Nahrungsmittel. Einen Aufschwung nahm der Handel der Flamen mit England im 12. Jahrhundert auf der Grundlage der flämischen Tuchproduktion. Die Flamen fuhren von Wissant, Brügge und Aardenburg aus nach England, verkauften dort das flämische Tuch; auf der Rückreise nahmen sie englische Wolle mit, die in Flandern zu Tuch verarbeitet wurde. Es kam zu einer wirtschaftlichen Symbiose englischer Schafzüchter und flämischer Textilproduzenten. Gemäß der frühesten Zollabrechnung von 1279/80 wurden annähernd 25 000 Säcke Wolle aus England exportiert, der Ertrag von über sechs Millionen Schafen; zu Beginn des 14. Jahrhunderts waren es jährlich 35 000 Säcke von mehr als neun Millionen Schafen.

Mit dem Begriff Hanse wird eine Gemeinschaft von zu denselben Zielorten fahrenden Fernkaufleuten bezeichnet, so zuerst die Kölner Englandfahrer, die von König Heinrich II. 1157 privilegiert wurden. Die Anbindung der Ostsee an das west- und mitteleuropäische Handelsnetz durch skandinavische Fernkaufleute schuf eine Voraussetzung dafür, dass sich auch deutsche Kaufleute im ausgehenden 12. Jahrhundert als Gäste der Gotlandfahrer am Handel nach Novgorod beteiligen konnten. Im Westen bildete sich die Gesellschaft der Soester Schleswigfahrer und der dänischen Bruderschaft in Köln. Später wurde Lübeck (1158/59 gegründet) zu einem Angelpunkt des zwischen Westfalen und der Ostsee entstandenen Handelsnetzes. Der zu Beginn des 13. Jahrhunderts entstandenen Gemeinschaft der Gotland besuchenden Kaufleute (Gotländische Genossenschaft) gehörten lübische, westfälische und sächsische Kaufleute an. Ihr Handel reichte bis nach Novgorod, Plozk, Witebsk, Smolensk und Riga im Osten, sowie nach dem schwedischen Schonen, für das König Waldemar II. von Dänemark ihnen 1203/09 ein Handelsprivileg gewährte. Im Vertrag von Bardowick 1225 musste er den deutschen Städten völlige Handelsfreiheit zugestehen. Der deutsche Handel expandierte mit neuen Stützpunkten im Norden (Stockholm und Bergen). Im Westen privilegierte die Gräfin Margarethe von Flandern 1252 die deutschen Kaufleute für die gesamte Grafschaft, insbesondere für Damme und Brügge. Brügge war ein wichtiger Markt, auf dem mediterrane Waren ebenso angeboten wurden wie Tuche aus Flandern und Wolle aus England. Hansekaufleute kauften hier Meersalz für den Ostseeraum. Kontore als feste Handelsinstitutionen wurden in Brügge und London im Westen, Novgorod und Bergen im Norden eingerichtet.

Die Messen der Champagne

In der Grafschaft Champagne entstand seit dem beginnenden 12. Jahrhundert ein Messezyklus, der etwa seit 1180 zu einem Zentrum des Fernhandels wurde, vor allem für Tuche und Wolle, welche flämische und französische Kaufleute hier anboten, und für Leder aus Südeuropa, Gewürze und Luxusgüter des Mittelmeerraums, herangeschafft durch italienische und provenzalische Kaufleute. Die Italiener brachten ihre fortschrittlichen Zahlungstechniken mit, was die Messen auch zum bedeutendsten internationalen Finanzplatz aufsteigen ließ. Die Messen fanden sechsmal jährlich vom Januar bis in den November gestaffelt in den Städten Lagny, Bar-sur-Aube, Provins and Troyes jeweils während rund 50 Tagen statt.

Jede Messe lief etwa gleich ab: Auf eine Eröffnungszeit von acht Tagen folgten zehn Tage zum Handel mit Tuch, elf Tage zum Handel mit Lederwaren, neunzehn Tage zum Handel mit Waren nach Gewicht und zur Schlussabrechnung (*pagamentum*); in weiteren vier Tagen wurden die Messebriefe (*lettres de foire*) ausgestellt. Schon gegen Ende des 12. Jahrhunderts haben sich Kaufleute durch bevollmächtigte Agenten oder Partner vertreten lassen. Sie begleiteten ihre Waren nicht, sondern beauftragten Fuhrleute (*vectuarii*) mit dem Transport durch Packtiere auf dem Landweg von Italien über den Mont Cenis bzw. von Marseille in die Champagne. Kurierdienste von Florenz, Genua, Siena und anderen Städten sorgten für einen raschen Fluss der Nachrichten. Der Handel wurde weitgehend bargeldlos gegen Kredit abgewickelt. Am Schluss jeder Messe wurden die Kredite gegeneinander aufgerechnet und über die Saldi Wechselbriefe ausgestellt.

Den Aufschwung verdankten die Messen der Politik der Grafen. Bereits seit den 1170er Jahren ernannten diese *gardes des foires*, die in ihrem Auftrag jurisdiktionelle und polizeiliche Aufgaben wahrnahmen. Seit den 1220er Jahren saßen die *gardes* während der Messen zu Gericht, vor dem Handelsverträge registriert und Klage gegen säumige Zahler erhoben werden konnte. In den 1260er Jahren hatten sie die Kompetenz zu büßen, gefangen zu setzen und Waren zu konfiszieren. In den 1270er Jahren beanspruchten sie, im Namen des Grafen jeden auf der Messe abgeschlossenen Vertrag überall durchsetzen zu können. Als Zwangsmittel diente die Drohung mit dem Ausschluss der Kaufleute aus fremden Städten, deren Gerichte und Behörden nicht kooperierten, und der persönliche Ausschluss einzelner Kaufleute von den Messen. Schon die Furcht vor dem Ausschluss wirkte, denn in der Zeit von 1180 bis 1260 sind nur zwei Messe-Bänne belegt. Die oberste Gerichtsbarkeit in bedeutenden Fällen übte der Graf selbst aus. Sein *bailli* oder *prévôt* erteilte Recht in einem jeweils an den Messen errichteten hölzernen Gehäuse, das erstmals 1176 belegt ist. Zu diesen Institutionen öffentlichen Rechts, die Eigentumsrechte, Verträge und Geleit sicherten und von denen die Appellation an den Grafen bzw. an die *Jours de Troyes* und nach 1285 an das *Parlement de Paris* offen stand, kamen noch die städtischen Gerichte von drei der vier Messestädte und bedeutende Gerichtsrechte geistlicher Institutionen, von denen reger Gebrauch gemacht und mehrfach bis an den Papst rekurriert wurde. Neben rechtlicher Sicherheit boten die Messen aufgrund der gräflichen Politik freien Marktzutritt ohne Privilegierung oder Diskriminierung einzelner Kaufmannsgruppen. Die Grafen bemühten sich auch, günstige Bedingungen der Infrastruktur (Unterkünfte, Warenlager, Straßen, Geleit) zu schaffen.

Die Messen der Champagne sind ein Beispiel für erfolgreiche Wirtschaftspolitik der Fürsten und zugleich für das Debakel falscher Wirtschaftspolitik, denn nachdem die Champagne durch die Heirat der Erbin des letzten Grafen an den französischen König Philipp IV. gekommen war, ruinierte dessen Politik seit 1285 die Messen innerhalb weniger Jahre. Krieg gegen Flandern, Beschlagnahme flämischer Waren auf den Messen und in ganz Frankreich, Ausschluss flämischer Kaufleute, konfiskatorische Besteuerung und Gefangennahme italienischer Kaufleute, Verbot des Exports von Wolle und textilen Halbfabrikaten aus Frankreich waren für die Messen tödlich. Die Sicherheit von Eigentum und Verträgen war nicht mehr gegeben, an die Stelle des freien Zugangs traten Privilegien einzelner Gruppen und Diskriminierung anderer. Der Niedergang wurde in den 1290er Jahren erkennbar im dramatischen Rückgang der Einnahmen aus den Messen; bis zur Mitte des 14. Jahrhunderts sind sie zu bloß noch regionaler Bedeutung herabgesunken. Der Niedergang wurde beschleunigt durch bedeutende europäische Kriege seit etwa 1315, während die Konkurrenz der Lendit-Messen von Compiègne bei Paris und die seit den 1290er Jahren aufkommende Seeroute zwischen Italien und Flandern die Entwicklung nicht entscheidend beeinflusst haben.

Neuerungen im Fernhandel

Durch neue Assoziationsformen suchten italienische Fernhändler ihr Betriebskapital zu erhöhen und zugleich ihr Risiko zu vermindern. Die Beteiligung in Form der *commenda* erlaubte es zu Hause bleibenden Geldgebern (*commendatorii, socii stantes*), an einer Handelsunternehmung nur mit einem bestimmten Betrag am Gewinn oder Verlust teilzuhaben und das Risiko auf diese Einlage zu begrenzen. Die *commenda* wurde auch auf den Landhandel übertragen. Jedermann konnte sich so mit ganz bescheidenen Beträgen am Fernhandel beteiligen. Um die Beteiligung an einem Handelsunternehmen zu erleichtern, wurde besonders in Genua die Teilhaberschaft an Handelsschiffen in gleiche Anteilscheine (*partes, sortes, loca*) aufgeteilt, die von jedermann in beliebiger Anzahl gekauft werden konnten. Die Anteilscheine konnten an Dritte weiterverkauft, verpfändet oder auch in eine Gesellschaft als Einlegerkapital eingebracht werden. Ein einzelner Kaufmann, der kein ganzes Schiff besaß, das er mit einem Schlage hätte verlieren können, sondern Anteile an mehreren Schiffen, konnte sein Risiko so verteilen. Ähnlich wirkten die in Venedig gebräuchlichen *colleganze*: Ein Kaufmann, der selbst mit der Ware reist, sucht mehrere Teilhaber, die Kapital einschießen. Die in Venedig residierenden Kaufleute ihrerseits schließen mit zehn, zwanzig reisenden Kaufleuten solche *colleganze* ab und verteilen so ihre Risiken.

Als bedeutend wird der Übergang vom reisenden zum residierenden Fernkaufmann eingeschätzt, der auf längere Sicht zu einer Trennung zwischen kaufmännischer Tätigkeit und Transportwesen führte und die Herausbildung eines neuen Typs der Fernhandelsgesellschaft mit einem Hauptsitz und korrespondierenden Filialen in den verschiedenen Handelszentren bedingte. Seit dem ausgehenden 13. Jahrhundert haben italienische Kaufleute begonnen, sich halbpermanent an den Haupthandelsplätzen niederzulassen, so in Paris, London und Brügge. Einige dieser Italiener waren völlig selbständig, andere waren Vertreter (Faktoren) von Handelshäusern. Diese konnten nun ihre Geschäfte auf dem Korrespondenzweg über Botendienste abwickeln. So entstand ein neues System mit einer Gesellschaftszentrale und festen Filialen. Mit der Sesshaftigkeit entwickelte sich in Venedig ein neues System auf Kommissionsbasis: Der venezianische Fernhändler versandte – vielfach auf Staatsschiffen – seine Ware an einen Kommissionär am Bestimmungsort, der sie dort so teuer wie möglich verkaufte und gemäß Auftrag mit dem Erlös so billig wie möglich andere Ware zur Rückfracht ankaufte. Er erhielt eine Kommission von etwa 2% vom Erlös der verkauften Ware und 1% des Preises der eingekauften Ware.

Die Versicherung durch einen Dritten im Seehandel ist durch den Genuesen Benedetto Zaccaria erstmals 1298 realisiert worden, allerdings in sehr umständlichen Formen. Das erste erhaltene Beispiel einer Versicherung gegen Prämienzahlung datiert erst aus dem Jahr 1350 und betrifft wiederum einen Genuesen. Der Wechselkontrakt ist geradezu als «Pionier-Innovation» bezeichnet worden. Man konnte einem Wechsler an einem Ort eine Summe in der lokalen Währung übergeben und diese Summe dann an anderem Ort in der dortigen lokalen Währung wieder entgegennehmen. Erste noch unentwickelte Vereinbarungen solcher Geschäfte sind in Genua schon seit den 1180er Jahren belegt; voll ausgebildet begegnet ein Wechselkontrakt von Genua auf die Messe von Lagny 1192. Zur gleichen Zeit sind auch die ersten Trockenwechsel (*cambium siccum*) belegt, bei denen kein Ortswechsel vorliegt, die also einzig als Kredit unter Umgehung des Wucherverbots dienten. Der ursprünglich vor einem Notar in rechtsförmlicher Weise ausgestellte Wechselkontrakt und die für die Messen der Champagne gebräuchliche *lettre de foire* wurden in Italien im 14. Jahrhundert durch von den Kaufleuten eigenhändig geschriebene Wechselbriefe abgelöst. Das war viel billiger und schneller, sparte also Transaktionskosten. Voraussetzung dafür war Vertrauen aufgrund regelmäßiger Geschäftsverbindungen mit Geschäftspartnern oder eigenen Faktoren in den auswärtigen Städten. Der Wechsel erlaubte auch Zahlungen über weite Distanzen, ohne Bargeld transportieren zu müssen.

Die Depositenbanken sind aus dem Geldwechsel heraus entstanden: Geldwechsler tätigten mit einem Teil der bei ihnen hinterlegten Summen Ausleihungen. Die Venezianer brachten um 1300 die ersten echten Banken hervor. Wie andere Geldwechsler nahmen auch diejenigen an der Piazza del Rialto Depositen entgegen. Das Interesse der Einleger richtete sich nicht auf die Verzinsung, sondern auf die Möglichkeit der bargeldlosen Zahlung, denn diese «Banken der Schrift» (*banchi di scritta*) nahmen Girozahlungen von einem Kontokorrent auf das andere durch bloßen schriftlichen Eintrag vor. Vielfach ließen sie ihre Kunden das Konto überziehen, wodurch reines Buchgeld geschaffen wurde, das nur als Zahlen in den Büchern der Banken vorhanden war. Wahrscheinlich benutzten die Banken schon seit dem Ende des 13. Jahrhunderts in Venedig eine raffinierte Buchführung, wobei für jeden Kunden ein Kontokorrent mit Soll und Haben eröffnet wurde. Es handelt sich noch nicht um doppelte Buchführung; diese dürfte aber etwa in dieser Zeit entwickelt worden sein.

Neuerungen der Hochseeschifffahrt

Die Perfektionierung des Kompasses und genaue Seekarten – Neuerungen zwischen 1270 und 1300 – ermöglichten im Mittelmeer die Verkürzung der zuvor für die Hochseeschifffahrt ungeeigneten Wintermonate von Oktober bis März auf die Zeit von Mitte November bis Mitte Januar. Die Schiffskonvois aus Venedig in die Levante, die Schiffe aus Genua und Pisa konnten nun zweimal jährlich auslaufen, die doppelte Fracht bewältigen und die Mannschaften kontinuierlicher beschäftigen. Der Kompass ermöglichte auch eine sicherere Navigation vom Mittelmeer um Spanien herum nach England und den Niederlanden. Hingegen war er in Nordsee und Baltikum von geringer Bedeutung, weil in diesen flachen Gewässern der Kurs traditionell nach dem Meeresboden bestimmt wurde, dessen Tiefe durch eine Art Senkblei gemessen und dessen Beschaffenheit durch Heraufholen von Bodenproben festgestellt wurde. Die Blockierung des Handels mit Massengütern durch dessen besondere logistischen Anforderungen wurde mittels des Baus größerer Transportschiffe überwunden, wodurch die Transportkosten auf einige Prozent des Endverkaufspreises der Waren sanken. In Italien ist man zuerst von Transporttarifen aufgrund der Volumen oder Gewichte weggekommen zu einer Differenzierung nach dem Warenwert. Der erste Transporttarif nach Warenwerten von 1299 berechnet für die teuersten Waren gemessen am Gewicht viermal so hohe Transporttarife wie für die billigsten. Der Tarif von Messina von 1308 sah dann bereits eine Differenzierung vom Ein- bis zum Zehnfachen vor.

Die Reaktion der Kirche

Die Kirche reagierte auf den geldwirtschaftlichen Wandel zunächst ablehnend, dann defensiv. Im Kirchenrecht wurden seit der Mitte des 11. Jahrhunderts spätantike, frühmittelalterliche und karolingische Wucherverbote und die negativen Wertungen des Handels zusammengetragen und unverändert eingeschärft. Das II. und III. Laterankonzil bedrohte 1139 und 1179 Wucherer mit Infamie, Ausschluss aus der kirchlichen Gemeinschaft und Verweigerung eines christlichen Begräbnisses. Die Zeit von Alexander III. (1159–1181) bis Gregor IX. (1227–1241) brachte die intensivste Wuchergesetzgebung der Päpste. Sie betraf zunehmend einzelne genau umschriebene Geschäftsformen: 1163 die Pfandsatzung mit Nutzungspfand (*mortuum vadium*), 1173 und 1185/87 den Kredit- oder Borgkauf zu erhöhtem Preis, 1227/34 das Seedarlehen (*foenus nauticum*). Wucherverbote fanden jetzt auch Eingang in Ordensregeln, da die Klöster als Gläubiger eine bedeutende Rolle spielten. Aggressiv wandte sich die Kirche gegen jüdische Geldverleiher. Im Zusammenhang mit der schwierigen Finanzierung des Zweiten Kreuzzugs erließ Papst Eugen III. 1145 den Kreuzfahrern die Darlehenszinse an Juden. Das Thema des wirtschaftlichen Parasitentums der Juden fand in einem Brief des Petrus Venerabilis, Abt des bei Juden hochverschuldeten Klosters Cluny, 1146 beredten Ausdruck: Er riet dem französischen König Ludwig VII., zur Finanzierung des Zweiten Kreuzzugs die Juden zu enteignen. Das verschärfte judenfeindliche Klima führte auf dem IV. Laterankonzil 1215 zu einem Bündel von Konstitutionen gegen die Juden, darunter dem Gebot an die Christen, jeden Verkehr mit jenen Juden abzubrechen, die unmäßigen Wucher erpressten.

Ermuntert durch die Kirche wandten sich weltliche Herrscher gegen den jüdischen Darlehenskredit. Nach einem hebräischen Bericht des Ephraim bar Jacob hat Ludwig VII. den Kreuzfahrern aus Frankreich die Schulden bei Juden erlassen. Zugleich forderte er die Juden auf, jeglichen Wucher aufzugeben und von ihrer Hände Arbeit zu leben. König Philipp August vertrieb 1182 die Juden aus den französischen Kronländern und konfiszierte die ihnen geschuldeten Beträge. Durch solche Judenschuldentilgungen wurden im Sinne einer Fiskalmaßnahme periodisch die den Juden geschuldeten Beträge zum Teil erlassen und zum anderen Teil zugunsten des Fiskus eingetrieben. Der englische König Johann ohne Land konfiszierte 1210 die jüdischen Guthaben in der Normandie; Edward I. erließ 1284 ein generelles Verbot des jüdischen Wuchers für England; 1290 wurden hier die Juden vertrieben. An ihre Stelle traten italienische Geldgeber. Solche Maßnahmen gegen den Darlehenskredit der Juden wechselten ab mit Ausnahmebewilligungen, Zinsen zu bestimmten Höchstsätzen zu nehmen.

Ganz ähnlich wie den Juden wurde christlichen Geldverleihern aus Cahors (Cawertschen) und Italien (Lombarden) das verzinsliche Darlehen gestattet; gelegentlich wurden auch sie enteignet und vertrieben. Gegen Italiener und Cahorsiner war die Weisung des Lyoner Konzils von 1274 an weltliche Obrigkeiten gerichtet, fremde Wucherer in ihren Gebieten nicht zu dulden. Das Konzil von Vienne 1311/12 beklagte, dass gewisse Städte Wucher duldeten und die Schuldner zur Zahlung zwängen; es verlangte die Aufhebung solcher Gesetze und die Verfolgung jener als Häretiker, die behaupteten, Wucher sei keine Sünde. In die Defensive gedrängt, hat die kirchliche Lehre das Wucherverbot faktisch aber abgeschwächt, indem sie systematisch jene Fälle herausarbeitete, in denen sie eine Entschädigung bei Darlehen für zulässig erklärte. Neben dem Risiko (*periculum sortis*) und der Ungewissheit (*ratio incertitudinis*) war dies ein tatsächlich erlittener (*damnum emergens*) oder ein virtueller, für die Zukunft als möglich gedachter Schaden bzw. entgangener Gewinn (*lucrum cessans*). Unter dem *titulus morae* konnte eine Entschädigung für Zahlungsverzug geltend gemacht werden (*poena conventualis, interesse*). War mit der Ausleihung eine Mühewaltung verbunden, so konnte dafür ein Lohn verlangt werden (*stipendium laboris*). Außerdem war eine Verzinsung bei Verwendung des Geldes durch Fürsten und Herren zur Prachtentfaltung (*ad pompam*) erlaubt.

Aufgegeben hat die Kirche die Verurteilung des Handels und des Kaufmanns. Im 13. Jahrhundert haben die Scholastiker seine Nützlichkeit betont, da er Waren von dort, wo sie im Überfluss vorhanden sind, dahin bringe, wo Mangel an ihnen herrsche, und da er Waren vorrätig halte. Für seine Arbeit, seine Auslagen und das Risiko, das er laufe, gebühre ihm auch ein Lohn. Auch den Anteil am Gewinn desjenigen, der sein Geld dem Kaufmann für seine Geschäftstätigkeit zur Verfügung stellt, hielt Thomas von Aquin für gerechtfertigt, sofern der Geldgeber auch das Risiko trage. Strikt abgelehnt wurden aber überhöhte Preise als Preiswucher (*turpe lucrum*).

IV. Das Spätmittelalter: Erlahmen, Krisen und erneuter Aufbruch

Das lange Zeit gültige Bild des Spätmittelalters betonte die wirtschaftliche Krise dieser Zeit. Ob durch Klimaverschlechterung oder Übernutzung der Böden verursacht, sei es am Ende des 13. Jahrhunderts bei fallender Geburtenrate zu einer Stagnation der Bevölkerung, Fehlernten, Hungersnöten und hoher Sterblichkeit gekommen. Der Einbruch der Pest 1348, die sich rasch überall hin ausbreitete, führte schlagartig zu einem enormen Bevölkerungsverlust. Weitere Seuchenzüge haben eine Erholung verhindert. Als Folge seien die Getreidepreise aufgrund eines Überangebots gesunken, die Löhne aufgrund des Arbeitskräftemangels und damit die Preise für Gewerbeprodukte hingegen gestiegen. Eine Preis-Lohn-Schere habe sich geöffnet. Die Agrareinkommen der Bauern, aber auch der Grund-, Gerichts- und Landesherren sowie der Kirchen gingen zurück. Der Getreideanbau verringerte sich. Da v. a. marginale Böden aufgegeben worden seien, habe die Produktivität auf den weiter bebauten Flächen zugenommen, was das Überangebot und damit den Preisverfall erkläre. Aus marxistischer Sicht wurde eingewendet, aufgrund der Unfreiheit hätten die Herren den Bauern den Mehrwert ihrer Produktion weggenommen. Zwar seien die grundherrschaftlichen Abgaben gesunken, aber öffentliche und kriegsbedingte Abschöpfungen hätten die Bauern immer stärker belastet. Investitionen und Innovationen seien ausgeblieben. Die Bevölkerungsschrumpfung sei Folge dieser Produktionsbedingungen. Die Pest von 1347–1353 sei auf eine bereits verarmte Bauernschaft getroffen und habe den auf dieser lastenden Druck enorm verstärkt, da die Lasten nun von einer dezimierten Bevölkerung zu tragen waren. Anhänger der Geldmengentheorie haben die Meinung vertreten, die Preise seien deshalb gesunken, weil aufgrund von Edelmetallmangel zu wenig Münzen geprägt wurden. Zwei Wellen europäischer Edelmetallknappheit (1390–1420 und 1440–1460) hätten zu einem generellen Preiszerfall, dieser wiederum zu einem Rückgang der Güterproduktion geführt.

In der neueren Forschung wird die Charakterisierung des Spätmittelalters als Krisenzeit zunehmend in Frage gestellt oder rundweg abgelehnt. Diese Sicht weicht einer positiveren Wertung. Neuerungen des Spätmittelalters werden als für die folgende Zeit grundlegend herausgestellt und die große Anpassungsleistung in einer insgesamt sehr schwierigen Zeit des umfassenden und beschleunigten Wandels wird betont.

Es stellt sich die grundsätzliche Frage, ob makroökonomische Theorien für die spätmittelalterlichen Wirtschaftsverhältnisse bei kleinräumiger Zersplitterung der Märkte und ihrer herrschaftlichen Regulierung überhaupt anwendbar sind. In jüngster Zeit ist ein Abrücken von theoretischen Gesamtmodellen, von der Suche nach einer entscheidenden Grundursache hin zu eher punktuellen, rein empirischen oder nur mit partiellen Theorien arbeitenden regionalen Forschungen festzustellen, die sich nicht mehr zu einem kohärenten Gesamtbild einer einheitlichen Epoche verdichten lassen.

Ein regionales Modell ist am Beispiel Italiens entwickelt worden. Es geht von allgemeinen zu spezifischen Bedingungen. Die Pest von 1347–1353 hat das Verhältnis zwischen Bevölkerungsgröße und Ressourcen, die sich in den Händen der Überlebenden ansammelten, kurzfristig enorm verändert. Nachfolgende Seuchenzüge verhinderten, dass durch eine höhere Geburtenrate das frühere Gleichgewicht rasch wiederhergestellt wurde. Bis in die Mitte des 15. Jahrhunderts dauerte die Zeit des höheren Lebensstandards der Überlebenden, der steigenden Nachfrage nach Massengütern, vor allem Textilien, und auch Nahrungsmitteln über den Grundbedarf hinaus. Die demographische Krise eröffnete die Möglichkeit, die Getreideproduktion auf dafür wenig geeigneten Böden einzustellen und sich spezialisierter Produktion oder dem Handwerk zuzuwenden. Allerdings war dies abhängig vom Zugang zu Märkten und Handel, der auf regional unterschiedliche institutionelle Hindernisse traf. Dies erklärt die unterschiedliche Entwicklung in verschiedenen Regionen. Fernhandel ermöglichte die Spezialisierung ganzer Regionen, regionale Märkte diejenige innerhalb von Regionen.

Die Einflüsse herrschaftlicher und städtischer Wirtschaftspolitik waren wesentlich, wie der Vergleich zwischen Sizilien und der florentinisch beherrschten Toskana zeigt. In der Toskana sind die Bauern aufgrund des von Florenz und anderen Städten über das Land ausgeübten scharfen Steuerdrucks und anderer Abschöpfungen verarmt. Ein ständiger Abfluss von Reichtum ging vom Land in die Städte und letztlich nach Florenz. Es gelang der Stadt, in der zweiten Hälfte des 14. Jahrhunderts ihre unbestrittene regionale Hegemonie zu errichten und diese ganz egoistisch im Interesse der führenden städtischen Gruppen auszubeuten. Für die Bauern war es eine rationale Option, sich von den für sie ungünstig regulierten Märkten möglichst fernzuhalten. Auch die sich verbreitenden *Mezzadria*-Verträge verhinderten eine selbstbestimmte Veränderung der Produktion durch die Bauern. Die Produktivität war bei einem Saat-Ernte-Verhältnis von 1:4–5 bescheiden. Florenz war seit 1348 während eines ganzen Jahrhunderts gezwungen, Getreide aus weit entfernten Gebieten zu importieren. Die monopolistische Florentiner Oligarchie verhinderte Spezialisierungen in ihrer Region. Ländliche Tuchproduktion wurde ebenso wie diejenige anderer Städte des Contado – mit Ausnahme von Wolltuch in Prato und Seide in Pescia – als Konkurrenz unterbunden. Die Kontraktion des Fernhandels nach der Pest von 1348 hat hier nicht zu einer Kompensation durch den Aufschwung der lokalen Wirtschaft geführt, sondern zu einem Niedergang des regionalen Reichtums.

In Sizilien hingegen übten die Städte keinen vergleichbaren Druck auf das Land aus. Die politische Zersplitterung wurde durch die aragonesische Eroberung in den 1390er Jahren überwunden. Die Krone duldete keine monopolistischen Tendenzen der Städte. Marktintegration und innerregionaler Handel wurden durch Zollbefreiungen und durch die Einrichtung neuer Messen und Märkte gefördert. Getreide wurde in großen Mengen vor allem im Val di Mazara für den Fernhandel bei einem wesentlich günstigeren Saat-Ernte-Verhältnis von 1:10 produziert. Leichter Zugang zu importierten Nahrungsmitteln erlaubte die Spezialisierung der Kleinbauern im Osten Siziliens auf Wein, Öl, Bauholz, Vieh und Tuch. Auch die Produktion von Seide und Zucker nahm im 15. Jahrhundert stark zu. Die im Val Demone und um Messina konzentrierte Seidenherstellung war bäuerliches Nebengewerbe und zugleich Grundlage für eine integrierte Diversifizierung der bäuerlichen Produktion von Wein, Öl, Flachs, Seide, Tuch bei saisonaler Arbeit in der Zuckerproduktion. Die bäuerlichen Produzenten Siziliens haben sich flexibel den Marktchancen angepasst, während die städtisch dominierten Bauern der Toskana keinen Marktzugang fanden, sondern der letztlich feudalen Mehrwertabschöpfung der Stadt unterlagen. Der Vergleich zeigt, dass institutionelle Faktoren entscheidend waren für den Verlauf der Krise: Sie regelten den Zugang zu Ressourcen, Märkten und Handel und damit auch zu Handlungsoptionen in der Produktion.

Die Krise wird bei Verallgemeinerung dieser Sicht als ein durch den exogenen demographischen Schock ausgelöster Prozess schöpferischer Destruktion verstanden. Die Umverteilung von Einkommen von Grundherren zu Bauern und Lohnabhängigen habe zu erhöhter Nachfrage nach preisgünstigen Gütern geführt. Die beschleunigte obrigkeitliche Zentralisierung habe Transaktionskosten gesenkt, städtische Monopole auf dem Land geschwächt, Arbeitsmigration und Technologietransfer gefördert. Von der unterschiedlichen Machtverteilung zwischen Fürsten, Feudalherren, städtischen und ländlichen Eliten sei die unterschiedliche regionale Integration und damit auch der unterschiedliche ökonomische Erfolg abhängig gewesen. Alternative oder auch zusätzliche wohlfahrtserhaltende Einnahmen konnten bei günstigen institutionellen Bedingungen durch ländliche Erzeuger erschlossen werden im landwirtschaftlichen Sektor selbst durch Produktion von Wein, Fleisch, Leder, Wolle, Milchprodukten, Obst, Gemüse, Hanf und Flachs, oder auch im Textilbereich und im Dienstleistungssektor. Unternehmerische Freiheit, ungehinderter Marktzugang und die Entwicklung des regionalen Handels waren dafür entscheidend.

Etappen des Niedergangs

Klare Belege und Indizien, dass das Bevölkerungswachstum gegen Ende des 13. Jahrhunderts zum Stillstand gekommen ist, ja dass in vielen Gegenden ein Rückgang eintrat, wobei unklar bleibt, ob dies einer bewussten Beschränkung der Geburtenrate oder erhöhter Sterblichkeit zuzuschreiben ist, finden sich zuhauf. Unbestreitbar ist die Klimaverschlechterung: Das Optimum der mittelalterlichen Wärmeperiode ist um 1300 zu Ende gegangen. Die Zeit von 1315 bis in die 1320er Jahre hinein ist in der englischen Forschung als «erste Krise des vierzehnten Jahrhunderts» bezeichnet worden, für die einen der entscheidende Umbruch, der das längst prekäre Gleichgewicht zwischen Bevölkerung und Ressourcen zum Kippen gebracht und direkt in die nächste Krise, diejenige des Schwarzen Todes, geführt hat, für andere nur eine zufällige Episode. Aufgrund äußerst ungünstiger Witterung lagen die Ernten aller Getreide zusammen in den drei Jahren seit 1315 in England um 40, 63 bzw. 10% unter dem normalen Niveau. Eine neue desaströse Fehlernte folgte 1321. Das Saat-Ernte-Verhältnis, das beim Weizen in den Jahren 1270–1300 durchschnittlich bei 1:3,75 stand, sank auf 1:2,5. Auch in anderen Gebieten Nordwesteuropas – Schottland, Irland, Frankreich, Flandern – stand es schlecht um die Ernte. Katastrophal war etwa die Ernte von 1316 in Deutschland. Die Getreidepreise stiegen enorm, und zugleich fielen die Reallöhne auf das tiefste Niveau des Spätmittelalters. In der Folge sind 10 bis 15% der Bevölkerung an Hunger und Krankheit gestorben. Eine Viehseuche dezimierte in den Jahren 1313–1317 die Schafe: Englands Wollexport verminderte sich daraufhin zwischen 1315/16 und 1324/25 um fast ein Drittel und erholte sich auch im folgenden Jahrzehnt nicht mehr völlig.

Von lang dauernder Auswirkung war die Rinderpest in ganz Nordwesteuropa in den Jahren 1315–1325. In England und Wales fielen ihr vom April 1319 bis September 1320 63% der

Ochsen und Kühe zum Opfer. Die für Ackerarbeit und Traktion unentbehrlichen Tiere fehlten in der Folgezeit: Englische Herren benötigten 30 Jahre, um ihr Vieh auf die Zahlen von vor 1319 aufzustocken, einfache Bauern haben sie nie mehr erreicht. Zugleich kam es zu einem anhaltenden Mangel an Milchprodukten.

Schon die Zeitgenossen haben v. a. *ein* Ereignis als Wende empfunden: das erste Auftauchen der Pest 1348–1352. Der Erreger der Krankheit, das Bakterium Yersinia pestis, wurde 1347 durch genuesische Schiffe aus dem belagerten Kaffa (heute Fedosija, Krim/Ukraine) am Schwarzen Meer, nach Italien eingeschleppt und hat sich dann entlang der Handelswege sehr schnell in fast ganz Europa verbreitet. Da immer neue Pestzüge folgten, verlor die Seuche den Charakter des Unerhörten; man gewöhnte sich daran, mit ihr zu leben. Im Bewusstsein der Zeitgenossen erschien diese Zeit als eine Talsohle, aus der man unbedingt herauskommen müsse, als eine Krise, die man überwinden müsse.

Bevölkerung, Löhne und Preise

Der Rückgang der Bevölkerung von je nach Region 25 bis über 50% ist durch viele Quellen für England, Frankreich, Italien, Spanien (Navarra, Aragon, Katalonien) und Savoyen sehr gut belegt. Auch die weiteren Pestwellen, die eine rasche Erholung durch eine erhöhte Geburtenrate verhinderten, sind gut bezeugt. Quellen für das deutsche Reich sind selten und punktuell: 1350 verzeichnen Listen 6966 namentlich genannte Pestopfer in Bremen, das damals etwa 12 000 Einwohner zählte. In Lübeck lässt sich die Pestmortalität der Hausbesitzer 1350 auf rund 25% beziffern; beim nächsten Pestzug 1367 starben nochmals 16% der Hausbesitzer. In Norddeutschland kam es von 1350 bis 1400 zu zehn, im 15. Jahrhundert erneut zu 16 Pestjahren. Die pestfreien Intervalle betrugen durchschnittlich 8 ⅓ Jahre im 14. Jahrhundert und etwas mehr als 13 Jahre im 15. Jahrhundert. Schon für den ersten Pestzug ist – bei großen regionalen Unterschieden – mit einer durchschnittlichen Bevölkerungsabnahme von 30 bis 40% zu rechnen. Zum Vergleich: Der Bevölkerungsverlust Westeuropas durch Krieg und Massenvernichtung betrug im Zweiten Weltkrieg 5 % der Gesamtbevölkerung. Die enorme Verminderung des Bevölkerungsstandes kann für die Wirtschaft kaum ohne zunächst weitreichende kurzfristige, durch die sich wiederholenden Aderlässe auch längerfristige Folgen geblieben sein.

Der Rückgang der Bevölkerung führte zu Arbeitskräftemangel. Im Agrarsektor wird dies darin fassbar, dass geistliche und adlige Grundherren sich gezwungen sahen, die Bauern durch günstigere Leihebedingungen von der Abwanderung von den Gütern abzuhalten oder dass sie dasselbe durch Zwang mittels Verschärfung der Leibeigenschaft zu erreichen suchten. Unmittelbar nach der Pest setzten Forderungen nach Lohnerhöhungen in allen Sektoren ein. Dem wurden durch die Könige in England, Frankreich, der Provence, Katalonien, Aragon und Kastilien unverzüglich Dekrete über Höchstlöhne entgegengesetzt. Unzählig sind Eingriffe gegen die Lohnerhöhungen in einzelnen Städten. Auch Erlasse für ländliche Gebiete, etwa Tirol, sind überliefert. Mit diesen Regelungen reagierte man auf bloß nominale Lohnsteigerungen, die oft durch Inflation sogar überkompensiert wurden. In England und in den Niederlanden blieben die Löhne bis in die 1370er bzw. 1380er Jahre hinter der hohen Inflation zurück. Erst in der Deflationsphase erhöhten sich die Reallöhne kräftig, wohl nicht aufgrund von Arbeitskräftemangel, sondern wegen der Währungspolitik: Die Kaufkraft nominell fixer Löhne erhöhte sich durch die Deflation. Die Bedeutung der Lohnentwicklung sollte jedoch nicht überschätzt werden. Löhne spielten weder für die selbständigen Bauern noch für die abhängigen Pächter eine Rolle, die Produkte oder Geld als Pacht abzuliefern hatten. Auch für selbständige Handwerksmeister, die nicht im Lohnverhältnis produzierten, bestimmten nicht Löhne, sondern Produktpreise das Einkommen. Selbst für ländliche Knechte und Mägde, für städtische Dienstboten und Handwerksgesellen bildeten Kost und Wohnung, manchmal auch Schuhe und Kleidung einen erheblichen Naturallohn, zu dem ein Barlohn nur ergänzend hinzutrat.

Die Entwicklung der Getreidepreise ist nicht leicht auf einen Nenner zu bringen. Die Kommerzialisierung der Agrarprodukte seit dem 13. Jahrhundert hatte die Segregation der Märkte nur sehr allmählich aufzubrechen vermocht. Preisentwicklungen unterschieden sich von Region zu Region oder sogar von Ort zu Ort, weshalb die Übertragung von lokalen Preiskurven auf Großregionen oder ganze Länder wenig aussagekräftig ist. Methodisch sorgfältige Auswertungen der Quellen bestätigen doch einen allgemeinen Trend: Unmittelbar nach der Pestwelle 1348/50 stiegen die Preise; dann folgte ein säkularer Verfall auf 60% oder weniger der Preise vor dem Pesteinbruch. Der große Wendepunkt ist die Dekade der 1370er bis 1380er Jahre.

Verlierer waren Getreidebauern und ihre Grundherren, während Kleinbauern, die vor allem für die eigene Subsistenz produzierten, bei geringer Marktquote nur wenig betroffen waren. Die Wertminderung der Naturalabgaben im Austausch mit anderen Produkten, der angesichts der Münzverschlechterung eingetretene Rückgang der Kaufkraft von fixierten Geldabgaben, die Abgabennachlässe und die Abgabenausfälle von unbesetzten Bauernstellen schmälerten die grundherrschaftlichen Einkünfte. Das Kloster St. Gallen zum Beispiel, dessen Einnahmen um 1275 jährlich weit über 1000 Mark Silber betragen hatten, verzeichnete um 1360 nur noch Einkünfte im Wert von 370 Mark. Viele adlige und kirchliche Grundherren waren durch den Rückgang ihrer Einkünfte an Grundzinsen, den geringeren Austauschwert ihrer Naturaleinkünfte, die Minderung aller möglichen Abgaben, besonders des Zehnten, auf längere Sicht auch durch geringere Bodenpreise schwer betroffen. Einzelne Adlige haben sich davon nicht mehr erholt. Wirtschaftlich krisenhafte Erscheinungen haben jedoch die mächtige Position des Adels insgesamt nicht dauerhaft erschüttert, aber die Herren waren gezwungen, neue Einkünfte außerhalb der ererbten Grundherrschaften zu erschließen, insbesondere im Fürstendienst. Die Erneuerung des Adels, von dem etwa in Flandern, Frankreich, auch im Reich innerhalb von hundert Jahren rund die Hälfte durch neue Familien ersetzt wurde, brachte auch Stadtbürger mit völlig anderer Vermögensstruktur in begehrte adlige Positionen, was die ohnehin schon seit dem 12. Jahrhundert sich wandelnden wirtschaftlichen Grundlagen des Adels weiter und rascher veränderte.

In Frankreich und weniger stark in England wirkte sich die Besteuerung durch die Krone, die vor allem dazu diente, militärische Unternehmungen mit teuren Söldnertruppen zu finanzieren, für Stadt und Land verheerend aus. Dazu kam eine regional unterschiedliche Belastung durch Münzmanipulationen. Die meisten Währungen waren unstabil, heftigen Entwertungen folgten ebenso heftige Versuche, zu harter Währung zurückzukehren. Inflation und Deflation wechselten sich ab. Bei Inflation profitierten all jene, die regelmäßige fixierte Abgaben zu zahlen hatten und diese nun in geringerwertigem Geld entrichten konnten; bei Deflation waren die Schuldner, die Kreditnehmer die Verlierer. Von Abwertungen wie von Aufwertungen profitierte der Münzherr. Im Jahr 1349 machten die Gewinne aus der Münzprägung bei starker Münzverschlechterung 70% der Gesamteinnahmen des französischen Königs aus.

Alternativen der Landwirtschaft

Nach der Pest eröffneten sich aber auch neue wirtschaftliche Chancen. Bauern konnten ihre Betriebe durch die Übernahme ausgestorbener Höfe zu günstigeren Pachtbedingungen vergrößern. Die Kaufkraft der Überlebenden stieg. Angesichts hoher Produktpreise bildeten die Viehzucht und der Weinbau attraktive Alternativen zum Getreidebau. Auf dessen Kosten nahm die Großviehzucht etwa in den Alpen der Schweiz, Savoyens, des Piemont, auch in Ostengland, den Niederlanden, Dänemark, Norwegen, Polen und Ungarn jetzt ihren Aufschwung. Die städtische Nachfrage nach Fleisch führte zu einem internationalen Rinderhandel. Das Großvieh der Schweizer und der Savoyer Alpen wurde vor allem in die norditalienischen Städte verkauft. In den Niederlanden kam es zu einem Aufschwung des Viehhandels auf regionalen Märkten. 1375–1425 verband ein bescheidener internationaler Handel ungarischer Rinder Buda-Pest mit Venedig im Süden und Köln im Norden. Durch die Goldförderung Ungarns verteuerten sich dann die ungarischen Tiere. Nun wurden auch Rinder aus Polen nach Nürnberg und Frankfurt getrieben. Der dänische Rinderexport nahm von etwa 2000 Tieren 1423 auf 13 000 im Jahr 1484/85 zu.

Südlich des Main dominierte ab 1470 wieder ungarisches Vieh in der Versorgung von Augsburg, München, Ulm, Straßburg, Stuttgart, Nürnberg und Frankfurt. Ein wichtiges Viehhandelszentrum entstand in Sennheim im Elsass, wo Rinder aus Burgund, den Freibergen und der Freigrafschaft vermarktet wurden.

Dank einer besseren Futtermittelbasis aufgrund bewässerter Wiesen setzte sich in der Po-Ebene eine auf Fleisch-, Milch- und Käseproduktion abzielende Rinderhaltung durch. Gefördert wurde dies auch durch die Einführung neuer Rinderrassen im Gebiet von Parma und Ferrara. Die römische Campagna war ein riesiges Weidegebiet, das sich von der toskanischen Maremma im Norden Roms 300 km entlang der Küste des tyrrhenischen Meeres bis nach Terracina hin erstreckte. Die 1402 durch Papst Bonifaz IX. erlassene Ordnung *Dogana pecudum* regelte den freien Durchzug der Wanderherden in allen Gebieten des Kirchenstaats. Die zu Beginn des 15. Jahrhunderts einsetzende Tendenz süditalienischer Großgrundbesitzer zur Umstellung auf Schaf- und Ziegenzucht wurde zu einem eigentlichen Umbruch, als König Alfons von Neapel 1443 beschloss, die entvölkerten königlichen Tavoliere von Apulien ganz der Viehzucht vorzubehalten. Genauer bekannt ist der Umfang der Exporte aus dem Königreich Neapel: Von 1447 bis 1470 wurden hier auf den Viehmärkten von Lanciano, 77 388 Haupt Vieh umgesetzt, das sind im Durchschnitt jährlich 3365 Häupter. Davon blieben nur 29 181 im Königreich, 48 207 Haupt Vieh oder jährlich 2096 Haupt wurden exportiert. Auf sechs Viehmärkten in Castel di Sangro wurden von 1453 bis 1469 34 739 Haupt Vieh verkauft, davon wurden 16 472 Häupter oder 47 % exportiert. Es handelte sich dabei v. a. um Schweine, daneben auch um Kälber und Kühe sowie um einige Pferde.

Die Schafzucht in Spanien verdoppelte sich von der Mitte des 14. bis zur Mitte des 15. Jahrhunderts. Beispiellos war der Erfolg des Merino-Schafes. In Kastilien bildete sich, seit 1347 vom König privilegiert, ein Syndikat der Schafzüchter, deren Wanderherden sich von der Mitte des 14. Jahrhunderts bis 1477 von 1,5 Millionen Stück auf 2,7 Millionen fast verdoppelten. Spanische Qualitätswolle gelangte v. a. nach dem Rückgang des englischen Wollexports vermehrt in den internationalen Handel nach Flandern, Italien, Frankreich und selbst nach England. Während sich Kastilien vor allem dank dieses Erfolgs schon im beginnenden 15. Jahrhundert wirtschaftlich erholte, dauerte die Krise in Katalonien an.

Unmittelbar nach der Pest traten erhebliche Schwierigkeiten im exportorientierten Weinbau ein. Während im ersten Drittel des 14. Jahrhunderts aus dem Bordelais jährlich zwischen 47 000 und 94 000 Fässer Wein verschifft wurden, waren es 1349/50 gerade noch 13 500 Fässer. Der hier von 6 Pfund auf 21 Pfund auf das Dreieinhalbfache gestiegene Preis für ein Fass klaren Weins ist nur zum Teil auf Inflation zurückzuführen. Im 15. Jahrhundert wurde der Weinbau dann in vielen Gegenden geradezu zur Monokultur ausgeweitet. In Frankreich ist die Umwandlung von Getreidefeldern in Weinberge etwa im Bordelais und im Auxerrois zu beobachten. Sizilianischer Wein wurde seit der ersten Hälfte des 15. Jahrhunderts von venezianischen Fernhändlern von Messina aus nach Konstantinopel und in die Schwarzmeergebiete, süditalienischer Wein nach Porto Pisano, Genua, in die Provence, nach Barcelona, Valencia, Palma de Mallorca, ja nach England und Flandern verschifft. Die Weine Mittel- und Norditaliens kamen erst Ende des 15. Jahrhunderts in den Fernhandel. In Spanien wurde der Weinbau in der Gegend von Jerez, Sevilla, am Duero und im Rioja-Gebiet zu Exportzwecken ausgebaut.

Auch die Produktion von Olivenöl für den Export nahm in Süditalien und in Aragon zu. Das Olivenöl Andalusiens wurde zur Herstellung der im Textilgewerbe von Flandern und England benötigten Seife genutzt. Im 15. Jahrhundert wurden nur Öle aus Apulien und Campanien in den Fernhandel gebracht. Diese wurden in die Toskana, nach Brügge, Paris, London, Ragusa, Zypern, Alexandria, Damaskus, Konstantinopel und Kaffa auf der Krim exportiert. Sizilianisches Öl wurde in der ersten Hälfte des 15. Jahrhunderts nach Konstantinopel und ins Schwarzmeergebiet exportiert.

In England entstanden um 1400 verschiedene Gemüseregionen, ebenso um die Städte Paris und Köln; am Oberrhein und anderswo bildeten sich Obstlandschaften. Einen Aufschwung nahm der Anbau von Gewerbepflanzen: Leinen, Hanf, Flachs, Krapp, Waid. Safran diente nicht nur als Gewürz, sondern in größeren Mengen zur Färbung von Tuchen. In Spanien und Italien wurde Safran zu einer wichtigen Anbaupflanze. Mit dem Anstieg und der Verbesserung der Bierproduktion nahm auch der Anbau von Hopfen zu. Auch Teichwirtschaft zur Fischzucht bot Erwerbschancen. Das in der zweiten Hälfte des 15. Jahrhunderts wieder einsetzende Bevölkerungswachstum erforderte dann in einigen Regionen die Rückkehr von Spezialkulturen zum Getreidebau.

Fernhandel

Im Fernhandel gab es seit den 1290er Jahren große Probleme aufgrund anhaltender Kriege, politischer Instabilität und Piraterie im Mittelmeer. Die Eroberungen der Mameluken und die Zerstörung des Kreuzfahrerstaats in Palästina 1292, der genuesisch-venezianische Seekrieg 1291–1299 um die Kontrolle der Schwarzmeerroute, das Vorrücken der Türken gegen Byzanz seit 1303, Kriegswirren in den mongolischen Khanaten vom Schwarzen Meer bis nach Persien verdoppelten in der Zeit von 1290 bis in die 1360er Jahre die Transaktionskosten. Desaströs für den Tuchhandel insgesamt wirkte sich der Hundertjährige Krieg aus. Im Rückgang der Zollabgaben seit dem Beginn des 14. Jahrhunderts in führenden Seestädten wie Genua, Barcelona oder Marseille spiegelt sich die eingetretene Handelskontraktion. Allerdings hat der Landtransport im europäischen Handel immer eine bedeutende Rolle gespielt. Dabei war das Maultier, das immerhin mit Waren bis zu einem Gewicht von 175 kg beladen werden konnte, das wichtigste Transportmittel. Zwischen Genua und Mailand waren noch im 15. Jahrhundert in jeder Richtung jährlich etwa 60–70 000 Maultiere unterwegs.

Der italienische Fernhandel hat seit der Mitte des 14. Jahrhunderts weitere schwere Schläge hinnehmen müssen, die zu wesentlichen Veränderungen der Handelsgeographie und zu einer Umstrukturierung führten. Durch den Zusammenbruch des mongolischen Reiches wurden die Landrouten durch Asien unterbrochen, damit war China für die italienischen Kaufleute verschlossen. Auch Persien schottete sich jetzt nach außen ab. Die Sultane von Ägypten verboten den Italienern die Durchreise und verunmöglichten ihnen direkte Handelskontakte mit Indien. Bezeichnend dafür ist, dass die Venezianer zwischen 1378 und 1382 keinen einzigen Handelskonvoi in die Levante entsandten. Die Probleme der Italiener haben sich an der Wende vom 14. zum 15. Jahrhundert weiter zugespitzt. Tamerlan, der mongolische Herrscher von Samarkand, eroberte 1392 Tana am Schwarzen Meer; 1403 plünderte er Phocis und Damaskus. Die Konvois ins Schwarzmeergebiet waren von 1400 bis 1402 und wiederum im Jahr 1405 unterbrochen. Zwar fuhren italienische Schiffe weiterhin zum Schwarzen Meer; aber die italienischen Kaufleute brachten von dort nicht mehr fernöstliche Gewürze und Waren zurück, sondern Produkte aus dem Schwarzmeergebiet selbst: Wachs, Früchte, Fische, Getreide, Salz und kaspische Seide; aus Konstantinopel und der Ägäis Seide und Früchte. Wichtig für den italienischen Fernhandel wurden die Häfen Syriens und Ägyptens, da der mohammedanische Handel die Waren aus Asien hierher heranführte.

Genuas Handel blieb auf die nördliche Ägäis und – sogar über den Fall Konstantinopels 1453 hinaus – auf das Schwarzmeergebiet konzentriert. Eine Schlüsselrolle als Knotenpunkt für die Warenströme aus der Ägäis, aus Syrien, dem Schwarzmeergebiet und der Türkei spielte die Insel Chios, die im Besitz Genuas war. Der größte Teil der genuesischen Importe bestand aus türkischen Waren: Seide, Baumwolle, Getreide, Früchte und Holz. Genuesische Familien waren von 1275 bis 1455 im Besitz der ergiebigsten Alaungruben der damaligen Welt in Phokäa bei Smyrna. Genua hatte für Europa ein Handelsmonopol dieses in Gerberei, Textilfärberei und Glasherstellung wichtigen Grundstoffes bis zur Ausbeutung der neuentdeckten Alaunvorkommen bei Tolfa im Kirchenstaat seit 1463. Papst Pius II. hat den Abbau und den Vertrieb des Alauns einer zu diesem Zweck geschaffenen Monopolgesellschaft übertragen. 1466 versprach sein Nachfolger, den Handel mit türkischem Alaun in der ganzen Christenheit zu verbieten. Papst Paul II. handelte mit dem

Regalherrn des Alauns von Ischia, König Ferrante von Neapel, 1470 einen Kartellvertrag mit getrennter Förderung, aber gemeinsamem Verkauf aus, dessen Ziel es ausdrücklich war, den Preis des italienischen Alauns hoch zu halten.

Die immer noch starke Stellung Venedigs in der ersten Hälfte des 15. Jahrhunderts ergibt sich aus einer Bilanz, die der Doge Mocenigo im Jahr 1423 aufstellte. Danach verfügte Venedig über 300 Schiffe und 45 Galeeren, 19 000 Matrosen fuhren von hier zur See, die staatliche Werft beschäftigte 3000 Zimmerleute und 3000 Kalfaterer. Import und Export über Venedig beliefen sich auf je 10 Millionen Dukaten. Venedig führte im 15. Jahrhundert jährlich zwei Konvois nach Beirut und Alexandria durch. Aus der Levante importierte es Baumwolle, Pfeffer, Ingwer, Zimt, Muskatnüsse und viele andere Gewürze. Dank seiner übermächtigen Stellung im Handel mit Alexandria brachte es Venedig beinahe zu einer Monopolstellung im Pfefferimport.

Florenz übernahm mit der Annexion von Pisa auch dessen Handelsnetz. Seit 1422 liefen Florentiner Schiffe die wichtigen Häfen des Mittelmeeres an, darunter Alexandria, Aigues Mortes, Barcelona und Valencia. Auch im byzantinischen und mohammedanischen Orient noch bestehende Pisaner Kolonien gingen in den Besitz von Florenz über. Seit 1425 fuhren Florentiner Galeeren regelmäßig nach Norden, nach London, Southampton, Antwerpen und Brügge und bis in die Nordsee. Die venezianische Konkurrenz zwang Florenz allerdings bereits 1480 dazu, die eigene Schifffahrt praktisch aufzugeben. Die Stadt hat sich im Anschluss immer mehr vom Handel auf das Bankgeschäft zurückgezogen.

Kaufleute des aragonesischen Barcelona waren im Mittelmeerhandel vor allem mit Ägypten, Syrien und Palästina engagiert, der sich seit 1370 günstig entwickelte. Zwischen 1395 und 1401 fuhren jährlich acht Schiffe in die Levante, doppelt so viele wie 1365. Zum Niedergang führte dann 1462–1472 der Bürgerkrieg. Importiert wurden vor allem Gewürze, insbesondere Pfeffer. Verkauft wurden Produkte Aragons wie Silber und Korallen aus Sardinien, Korallen aus Sizilien, Antimon aus der Gegend von Tortosa, daneben billige katalanische Tuche.

Der Fernhandel der Hanse richtete sich vor allem in den Nord- und Ostseeraum und auf die Niederlande, der Kölner Handel insbesondere nach Brügge und London. Im 14. Jahrhundert entwickelte sich die Hanse von einer losen Koalition von Kaufleuten zu einem organisierten Städtebund mit erheblichem politischem Gewicht. Das Brügger Kontor wurde 1356 dem Hansetag unterstellt in der Absicht, die Schlagkraft der Handelspolitik, die auch mit Boykott und Krieg verfolgt wurde, zu erhöhen. Mit den Städten und Lübeck als Haupt übernahm die Gesamthanse die Führung. In Brügge und auf den Brabanter Messen von Antwerpen und Bergen op Zoom verkauften die Hansekaufleute im 15. Jahrhundert ihre Waren, darunter Leinentuche, und kauften englische und flandrische Wolltuche, die sie in Deutschland, im Ostseeraum und nach Russland weiterverkauften. Nach England gingen auch Rheinwein, Metalle, Krapp und Waid. Aus Russland, Livland, Litauen, Polen und Preußen kamen Pelze, Felle, Leder, Wachs, Harz, Pech, Teer und Asche, aus Norwegen Stockfisch, aus Schonen Salzheringe, aus Schweden Eisen, Kupfer, Butter, Vieh und Rinderhäute, aus Dänemark Pferde, Ochsen und Butter. Der deutsche Orden brachte Bernstein nach Lübeck und Brügge in den Handel. Umgekehrt lieferten die hansischen Kaufleute Salz zur Fischkonservierung nach Norwegen und Dänemark, Bier nach Skandinavien und Holland, auch zunehmend polnisches und preußisches Getreide nach Norwegen und in die Niederlande. Auch Wein, Gewürze und Luxuswaren wurden in den Osten vermittelt.

Beim Handel auf Gegenseitigkeit konnte sich der Hansekaufmann darauf verlassen, dass sein Partner an fremdem Ort seine Geschäfte kostenlos betreute, als ob sie die eigenen wären. So entstanden – gestützt durch Einheitlichkeit von niederdeutscher Sprache und lübischem Recht – hansische Netzwerke, in denen gegenseitige Forderungen durch Kompensationsgeschäfte verrechnet wurden. Als Ursachen für den Erfolg der Hanse im 13. und 14. Jahrhundert sind genannt worden: die politische Macht der Hansestädte zur Durchsetzung ihrer Handelsinteressen, die Monopolstellung beim Tausch osteuropäischer Rohstoffe gegen westeuropäische Fertigwaren, die Vorzugsstellung in der Konkurrenz dank dem immer dichteren hansischen «Privilegienpanzer» verbunden mit innerhansischem Präferenzsystem und kartellartigem Verhalten nach außen, die Überlegenheit der auf gegenseitiges Vertrauen gegründeten Netzwerkstruktur, die die Transaktionskosten dank einheitlichem Regelwerk, durchsetzungsfähigen Institutionen (Kontore, Hansetage), auf Reputation gegründetem Vertrauen und Gegenseitigkeit reduzierten. Zunehmende Schwierigkeiten kündigten schon gegen Ende des 15. Jahrhunderts den Niedergang der Hanse an.

Die Frankfurter Messen wurden zum Drehkreuz zwischen dem Nürnberger Metall- und Orientwarenhandel und dem Handel mit Tuchen aus England, den Niederlanden und Süddeutschland. Die oberdeutschen Handelsgesellschaften machten Geschäfte mit Italien, Spanien, Flandern und England. Einheimische Grundlagen waren Leinen, Barchent und Buntmetalle. Zentral für den Einkauf von Produkten aus dem Orient waren Venedig mit seinem *Fondaco dei Tedeschi* und Genua. Die Ravensburger Gesellschaft unterhielt im Verlauf ihrer Entwicklung Niederlassungen (*Gelieger*) in Venedig (nur bis 1474), Mailand, Genua, Genf, Lyon, Avignon (als Transportstation auf dem Landweg nach Spanien), Barcelona, Saragossa, Valencia, Brügge (bis 1485), später Antwerpen (seit 1485), Nürnberg und Wien. Gehandelt wurde mit allen Waren ohne Spezialisierung auf bestimmte Produkte. Der jährliche Kapitalertrag betrug bei den oberdeutschen Gesellschaften im ausgehenden 15. Jahrhundert nur zwischen 7 bis 15 %.

Banken

Bis ins ausgehende 15. Jahrhundert bestand eine sich allmählich abschwächende italienische Hegemonie im Bankensektor. Nach dem Bankrott der Bonsignori von Siena 1298 und der Ricciardi von Lucca 1300, der Ammanati und der Chioventi von Pistoia übernahm Florenz die Führung. Die Florentiner Kaufleute schlossen sich zu Gesellschaften mit bis zu 25 meist aktiven Teilhabern an Profit und Verlust auf mehrere Jahre zusammen. Die Teilhaber waren am Hauptsitz oder in den bis zu zwanzig Filialen tätig. Dazu kam entlohntes Personal. Jede Gesellschaft betrieb neben dem Finanzgeschäft auch Warenhandel. Einzelne Gesellschaften tätigten fast ausschließlich Finanzgeschäfte, so die Gianfigliazzi, die sich 1283 bis 1325 auf dieses Gebiet spezialisierten. Sie liehen Geld an Herren und Städte im Südosten Frankreichs, in der Dauphiné und in der Provence. Sie waren Bankiers der Dauphins, der Grafen von der Provence und des Königs von Sizilien. Die Mittel der Gesellschaften bestanden aus dem eingeschossenen Kapital der Teilhaber und aus Depositen Außenstehender, die mit 6 bis 10% fest verzinst wurden. Dadurch kamen riesige Summen zusammen: Eine der Bardi-Gesellschaften schloss ihre Bilanz 1318 mit Aktiven von 875 000 Florentiner Goldgulden. Da die Gesellschaften sich verpflichteten, die Depositen jederzeit auf Sicht unverzüglich zurückzuzahlen, waren sie hilflos, wenn plötzlich viele Depositäre ihr Geld wiederhaben wollten. Als sich die Florentiner Gesellschaften 1342 mit Robert von Neapel politisch entzweiten und bekannt wurde, dass sie die sogenannte guelfische Allianz verlassen wollten, trieb der Ansturm auf die Kassen zuerst die kleinen Gesellschaften in den Bankrott. Die Peruzzi und die Bardi hatten durch enorme Anleihen dem englischen König beim Ausbruch des Hundertjährigen Krieges seinen Kampf gegen Frankreich finanziert. Da die Feldzüge des Engländers scheiterten, war er nicht in der Lage, seine Schulden unverzüglich zurückzuzahlen. Die allgemeine Panik erfasste nun auch die Depositäre der großen Gesellschaften, deren riesige Guthaben beim englischen König uneinbringlich waren. Der Untergang der kleineren Gesellschaften riss so auch die größeren mit sich. Die Acciaiuoli, die zudem auch sehr stark in Neapel engagiert waren, gingen 1343 ebenso wie die Peruzzi in Konkurs; die Bardi folgten 1346. 350 Florentiner Gesellschaften sind zwischen 1333 und 1346 bankrott gegangen, darunter hunderte kleinere Unternehmen, die in das wirtschaftliche Desaster hineingezogen wurden.

Aus diesem allgemeinen Zusammenbruch ging dann nach der Pest von 1348 bis 1350 erst allmählich die Entwicklung neuer, aber kleinerer Gesellschaften zu einiger Bedeutung hervor. Erst etwa seit 1360 entstanden wieder bedeutendere Gesellschaften der Alberti, Strozzi, Medici, Guardi, Soderini und Ricci, die aber die alte Größe der Bardi, Peruzzi und Acciaiuoli nicht erreichten. 1467 wurden in Florenz 33 *banchi grossi* (Großbanken) gezählt, die auf Geldgeschäfte aller Art spezialisiert waren.

Eine wesentliche Neuerung brachte die Kommanditgesellschaft, die 1408 in Florenz gesetzlich als neue Gesellschaftsform anerkannt wurde. Dabei haftet nur noch ein Komplementär mit seinem gesamten Vermögen. Die teilhabenden Kommanditisten oder Kommanditäre waren nur haftbar bis zu jenem Betrag, den sie als Anteil in die Gesellschaft eingebracht hatten. Diese neue Beteiligung mit beschränkter Haftung ermöglichte die Aufnahme bedeutender Gesellschaftskapitalien bei vielen passiven Kommanditisten, womit das für den Bestand der Gesellschaften bei einem Ansturm auf die Kassen so gefährliche Sichtdepositensystem zur Kapitalbeschaffung überwunden wurde.

Girozahlungen durch bloße Kontokorrent-Verbuchung, Finanzierung von fremden Manufaktur- und Handelsunternehmungen, Allokation von Betriebskrediten, Eröffnung von Krediten ihrer Kunden an Dritte sind am frühesten in Pisa bereits in der ersten Hälfte des 14. Jahrhunderts belegt; Cheque-Zahlungen sind hier zwischen 1369 und 1374 nachgewiesen. Auch die frühesten sicheren Belege für die doppelte Buchführung werden Pisa zugeschrieben und ins Jahr 1336 datiert. Diese Buchhaltungstechnik dürfte sogar älter sein. Ihre praktische Bedeutung wird heute aber eher gering eingeschätzt. Jakob Fugger hat sie gekannt, aber ihre Einführung in seinem Unternehmen noch um 1500 nicht für notwendig gehalten. Im Bereich der Hanse fehlt sie ganz.

Charakteristikum eines Banken- oder Finanzplatzes ist ein regelmäßiger Geldmarkt für kurzfristige Kredite. Im 14. und 15. Jahrhundert gab es elf solche Finanzplätze in Italien (Bologna, Florenz, Genua, Lucca, Mailand, Neapel, Palermo, Pisa, Siena, Venedig, Rom), je drei in Frankreich (Avignon, Montpellier, Paris) und Spanien (Barcelona, Valencia, Palma de Mallorca) sowie je einen in Brügge und in London. Paris verlor kurz nach 1400 wegen des Hundertjährigen Krieges an Bedeutung und wurde ersetzt durch die Messen von Genf, nach 1465 durch diejenigen von Lyon. An beiden Orten lag das Bankgeschäft in italienischen Händen. Östlich des Rheins gab es keinen einzigen Finanzplatz in diesem Sinne. Die Genfer Messen profitierten vom Niedergang der Messen der Champagne: Sie wurden zum Handelsknotenpunkt zwischen dem Mittelmeer, Frankreich und den Niederlanden und zum bedeutendsten Finanzplatz. Diese Stellung lässt sich in den Marktgebühren klar fassen. Italienische Banken, u.a. die der Medici, haben im 15. Jahrhundert in Genf Filialen errichtet. Durch das 1462 durch den König für alle Franzosen erlassene Verbot, die Messen von Genf zu besuchen und durch die Einrichtung von vier zeitgleich stattfindenden Messen in Lyon mit weitreichenden Privilegien gelang es, auch die Italiener abzuwerben und so den internationalen Finanzplatz nach Frankreich zu transferieren. Auch der Geldmarkt in Brügge war von Italienern beherrscht. Gegen Ende des Jahrhunderts ist das italienische Bankwesen in Routine erstarrt und die führenden Leute haben das Geschäftsinteresse verloren, was beispielhaft der Ruin der Medici-Bank 1494 zeigt.

Anders als die italienischen Gesellschaften haben sich diejenigen aus Nürnberg, Frankfurt, Köln, ausgeprägt auch die Ravensburger Handelsgesellschaft, vom Geldhandel ferngehalten. Der Aufstieg der oberdeutschen, insbesondere Augsburger Gesellschaften hat sich dann in der Lücke zwischen der Liquidation des Geldmarkts in Brügge 1493 und dem Aufschwung des Geldmarkts von Antwerpen um 1510/15 vollzogen. 1494 erscheint Jakob Fugger am Antwerpener Geldmarkt; 1498 wird die Welsergesellschaft gegründet; vor 1486 setzen sich die Hochstetter in Antwerpen fest.

Entscheidend für den Aufstieg der Oberdeutschen waren die Metalle Sachsens, Mährens, Schlesiens und Tirols. Das Fehlen von Banken im Hansebereich ist nicht als Rückständigkeit zu werten. Die hier üblichen Warenkompensationsgeschäfte benötigten keine Bank- und Wechselkredite. Im Geschäft der Hanse in Brügge spielten hingegen Schuldbriefe und Clearing-Konten seit dem 14. Jahrhundert eine sehr bedeutende Rolle. Wechsel waren auch in süddeutschen Handelsgesellschaften noch im 15. Jahrhundert geradezu unbeliebt, wie das Beispiel der Ravensburger Gesellschaft zeigt.

Kredit

Für die Schuldner günstig entwickelte sich der Kreditmarkt. Das Spätmittelalter ist mindestens seit der Mitte des 14. Jahrhunderts klar gekennzeichnet durch ein Überangebot an den Kapitalmärkten. Ein untrüglicher Indikator dafür sind die überall kontinuierlich sinkenden Zinssätze. Dieser Befund überrascht, weil das Spätmittelalter zugleich die Zeit ist, in der die Ausbeute vieler europäischer Silbervorkommen zur Neige ging und eine zunehmende Silberknappheit in Europa eintrat. Silber floss durch den Fernhandel in großen Mengen in den Orient und nach Russland ab. Man hat in der englischen Forschung geradezu von der *bullion famine*, dem «Münzmetallhunger», gesprochen, der vor allem in den Jahren 1392–1425 und 1455–1465 ausgeprägt war.

Es gab eine ganze Reihe von Kreditinstrumenten für unterschiedliche Bedürfnisse, die wucherrechtlich unbedenklich waren oder bei denen eine verbotene Gewinnabsicht nicht nachzuweisen war. Im Fernhandel erlangte der Finanzwechsel als Kreditinstrument Bedeutung, obwohl er mit durchschnittlich etwa 15 % jährlich doch recht hoch verzinslich war bei Gewinnen hervorragender Kaufleute von etwa 10 bis 20 % des angelegten Kapitals. Gegenüber dem Kreditvolumen dieser rechtlich unproblematischen Geschäfte hatte der hochverzinsliche und kurzfristige jüdische und lombardische Darlehenskredit gegen Faustpfänder oder Schuldscheine eine bescheidene, seit dem 14. Jahrhundert rückläufige Bedeutung. Zur Investition war er bei Zinsen von 20 % bis zu im Reich und in Frankreich üblichen 43,3 % (wöchentlich zwei Pfennige Zins je Pfund) ungeeignet, da in keinem Wirtschaftszweig durch den Einsatz von Fremdkapital auch nur annähernd so hohe Erträge erzielt werden konnten. So konnte er sinnvoll nur die Funktion des Konsumkredits bei aktuell fehlender Kaufkraft haben. Nicht nur der Not, sondern auch einer momentanen Illiquidität bzw. dem Fehlen von barem

Münzgeld konnten Überbrückungskredite dienen, die aber dann auch innerhalb kürzester Frist wieder abgelöst wurden. Große jüdische Financiers, die erhebliche Summen gegen niedrigere Zinsen an Fürsten, Herren und Städte verliehen, sind im Spätmittelalter immer seltener. Die Finanzkraft der Juden wurde durch die Verfolgungen in der Pestzeit und die Konfiskation ihrer Guthaben bei Judenschuldentilgungen bis zum Ende des 14. Jahrhunderts stark geschwächt. Schon 1290 sind sie aus England, 1306 und endgültig 1394 aus Frankreich, im Laufe des 15. Jahrhunderts aus den Städten und einzelnen Territorien des Reiches, auch aus einigen Städten Italiens vertrieben worden. Vor allem in Italien betrieben die Franziskaner ihren Ersatz durch christliche Darlehensbanken, die *Monti di pietà*.

Die Verschuldung weiter Kreise vom König bis zum Bauern wurde im Verlauf des Spätmittelalters zunehmend auch zu einem sozialen Problem. Die Rentenverschuldung der Bauern wurde zum Teil derart unerträglich, dass sie die Bewirtschaftung der unrentabel gewordenen Güter aufgaben. Obrigkeiten suchten dem durch Verbote weiterer Belastungen der Bauerngüter gegenzusteuern.

Die Kreditfinanzierung städtischer Aufgaben unter Vermeidung bzw. Antizipation der oft zu Unruhen führenden Steuerauflagen hat sich seit dem 14. Jahrhundert überall durchgesetzt. Die Städte nahmen Geld bei ihren Bürgern und bei Fremden auf und stellten eine Verzinsung dieser Anleihen und ihre spätere Rückzahlung in Aussicht. Seit der Mitte des 14. Jahrhunderts wurden solche Anleihetitel, ausgeprägt etwa in Florenz, zu einem für die Einkünfte der Oberschicht zunehmend wichtigeren Element. Allerdings handelte es sich hier bald nicht mehr um freiwillige, sondern um Zwangsanleihen. Die Inhaber großer Mengen von städtischen Schuldtiteln schlossen sich in einzelnen Städten zu Gläubigerkonsortien zusammen und übten einen erheblichen Einfluss auf die städtische Politik aus. Am bekanntesten wurde die *Casa di San Giorgio* in Genua, in der seit 1407 alle wichtigen Konsortien von Titelinhabern der Staatsanleihen der Seerepublik zusammengefasst waren. Dieser Gläubigergemeinschaft übertrug die Republik Genua als Sicherheit Güter und Kolonien mit der Erlaubnis, aus ihren Erträgen die Verzinsung der Schuldtitel direkt vorzunehmen. Sie übertrug der *Casa* sogar die Verwaltung der indirekten Steuern. Für die Auflage aller neuen Anleihen der Republik wandte man sich an die *Casa*. Diese gründete 1408 eine öffentliche Bank, den *Banco di San Giorgio*. Die feste Verzinsung der Anteile wurde durch eine Dividende ersetzt. Damit wurde diese Bank 1409 zu einer Art Aktienbank. Man hat deshalb in ihr die älteste Kapitalassoziationsform gesehen, die bereits die Grundprinzipien der erst viel später vollständig ausgebildeten Aktiengesellschaft vorwegnahm. Eine beachtliche Zahl von Städten hat sich bis zur Zahlungsunfähigkeit verschuldet, darunter Arras, Bern, Braunschweig, Brügge, Dortmund, Douai, Hildesheim, Lüneburg, Mainz, Wetzlar und Würzburg, um nur einige zu nennen.

Bergbau und Metall

Die dynamische Phase der technischen Entwicklung ist bereits kurz nach der Mitte des 13. Jahrhunderts in eine Stagnation auf hohem Niveau übergegangen. In den 1330er Jahren erfolgte dann die Trendwende in den technischen Niedergang. Das späte Mittelalter war in der Geschichte der technischen Inventionen und Innovationen eine Phase der Stagnation. Erst am Ende des 15. Jahrhunderts trat dann wieder eine Periode der Verdichtung von Technik ein, insbesondere durch technische Neuerungen im Bergbau und in der Metallverarbeitung.

Aufgrund der Veränderung der Faktorkosten bei günstigem Kredit und hohen Löhnen musste es profitabler erscheinen, teure Arbeit durch billiges Kapital zu ersetzen in der Form von Investitionen in innovative arbeitssparende Verfahren und Maschinen. Ein augenfälliges Beispiel für diesen Zusammenhang ist der unabdingbare Ersatz menschlicher Arbeitskraft durch Wasserkünste und Pumpen im Bergbau. Die Krise im Bergbau seit 1350 erfasste europaweit alle bedeutenden Erzbergwerkreviere. Durch die Pestverluste wurde die Produktion unterbrochen. Die Entvölkerung ließ auch die Nachfrage nach Metall sinken. Die Wiederinbetriebnahme der Bergwerke gestaltete sich später äußerst schwierig, da es mit den Mitteln der damaligen Zeit kaum möglich war, mit Wasser vollgelaufene Baue zu sümpfen und zugleich das neu einströmende Wasser zu beherrschen. Ein breiter Aufschwung des Bergbaus setzte ab der Mitte des 15. Jahrhunderts ein. Dies haben neue Wasserhebemaschinen, sogenannte Heinzenkünste, ermöglicht. Seit der zweiten Hälfte des 15. Jahrhunderts wurden neue Saugpumpen entwickelt. Durch den Einsatz mehrerer Pumpen übereinander konnten tiefere Schächte entwässert werden.

Seit 1460 verbreitete sich auch ein neues Verfahren zur besseren Scheidung von Kupfer und Silber, das erstmals in der städtischen Schmelzerei Nürnbergs nachgewiesen ist. Durch die Innovation des «Saigerverfahrens» von den kleinen Tiegeln der Goldschmiede zum großen Maßstab wurde Blei zur Gewinnung von Silber wichtig. Mit einer Belebung der Montanwirtschaft durch den Einsatz kaufmännischen Kapitals nahm die Silberproduktion rasch zu. Das nicht rostende Kupfer stand nun in großen Mengen zur Verfügung und eröffnete den Weg zu vielen technischen Verbesserungen. Neue Silbervorkommen wurden seit 1471 in Schneeberg und seit 1491 am Schreckenberg im Erzgebirge erschlossen. Hier entstand die Bergstadt St. Annaberg. Am ertragreichsten waren um 1500 Bergwerke im Tiroler Inn-Tal, im sächsischen Obererzgebirge, in Niederungarn und in den salzburgischen Hohen Tauern.

Die Erfindung der Drahtziehmühle um 1415 in Nürnberg revolutionierte die Herstellung von Draht durch Wasserkraftübertragung mittels Pleuelstangensystem, schuf ganze Industrielandschaften und veränderte den gesamteuropäischen Handel mit Drahtwaren. Die auf Draht beruhenden Metallprodukte aus Nürnberg fanden seit 1422 einen beinahe konkurrenzlosen Absatz. Die Zahl der Drahtziehwerkstätten und der Folgegewerbe wie der Nadel-, Ring-, Ketten- und Harnischmacher vermehrte sich enorm. Die Zahl der Nürnberger Handwerksmeister in der Eisenverarbeitung stieg von 409 im Jahrzehnt 1361–1370 auf 1335 am Ende des 15. Jahrhunderts.

Eng mit den Fortschritten in der Metallurgie hingen diejenigen in der Kriegstechnik zusammen. In der Schlacht von Crécy haben die Engländer erstmals Artillerie eingesetzt. Wichtig dafür war die Erfindung der Herstellung von Schießpulver aus Salpeter. Im 15. Jahrhundert wurden tragbare Kanonen, sogenannte Stangenbüchsen, in Nürnberg hergestellt. Führend in der Waffenproduktion blieb aber Mailand. Metallgewerbe entwickelten sich seit dem ausgehenden 14. Jahrhundert in der Eifel, im Bergischen Land, im Sauer- und Siegerland.

Textilproduktion

Die Auswirkungen der Probleme im Fernhandel seit der Wende zum 14. Jahrhundert trafen die Textilbranche schwer. Die Textilstädte in England, Nordfrankreich und den Niederlanden gerieten in eine Krise, da ihre billige Massenware die gestiegenen Transaktionskosten nicht mehr zu tragen vermochte. Der zuvor blühende Export billiger italienischer Barchenttuche, eines Mischgewebes aus Leinenkette und Baumwolleinschlag, aus Mailand, Cremona, Parma, Brescia, Piacenza und Verona brach schon um 1300 ein. Einzelne flämische und brabantische Städte stellten in den 1340er Jahren auf hochpreisige Qualitätswolltuche um, englische Produzentenstädte folgten in den 1360er Jahren. Erst in der zweiten Hälfte des 14. Jahrhunderts begegnen neben dominierender billiger Ware auch teure Tuche aus Florenz. Gemäß der Steuer von 1352 waren hier 1381 Familienoberhäupter als Wollarbeiter tätig, das sind 28,4% aller erfassten Berufsleute. Nach der Steuerliste von 1427 waren es noch 1098 Familienoberhäupter oder 20,1% der Berufsleute. Für das Jahr 1382 beziffert eine Liste die beabsichtigte Produktion aller 283 Botteghen mit 19296 Tuchen. In der zweiten Hälfte des 14. Jahrhunderts ging das Volumen der englischen Exporte von Rohwolle um die Hälfte zurück, der Export von fertigen Tuchen stieg aber gleichzeitig auf das Sechsfache, da die Verarbeitung zu Tuch zunehmend in England selbst erfolgte. Man entwickelte von der eigenen Rohstoffbasis aus nun auch eine eigene Gewerbeproduktion. Wichtige Abnehmer waren oberdeutsche Kaufleute, welche die Tuche auf den Messen von Antwerpen und Bergen op Zoom erwarben und im Reich und in Ostmitteleuropa absetzten.

Seidentücher wurden im Spätmittelalter in Italien (Sizilien, Lucca, Florenz, Genua, Venedig, Bologna, Mailand), Spanien (Andalusien) und Frankreich (Paris, Montpellier, Marseille, Avignon, Lyon, Tours) hergestellt, außerdem im Reich (Köln, daneben weniger bedeutend in Augsburg, Regensburg, Nürnberg, Ulm, Mainz, Frankfurt, Hildesheim, Zürich). In Köln sind im Seidengewerbe Frauenzünfte entstanden, in denen die Produktion durch Frauen, der Einkauf der Rohseide und der Absatz der Waren durch deren Ehemänner besorgt wurde. Die venezianischen Seidenbrokate erlangten im 14. und 15. Jahrhundert eine beherrschende Marktstellung in Europa. Im 15. Jahrhundert arbeiteten in Venedig 3000 Seidenweber.

Im Reich war die Textilherstellung überall verbreitet. In Köln wurden qualitätsvolle Wolltuche, in Freiburg im Üechtland billige Ware für den Export über die Genfer Messen produziert. Leinenreviere entstanden zuerst am Bodensee (Konstanz, St. Gallen), noch im 14. Jahrhundert auch in Westfalen, dann im Vogtland, in der Lausitz und in Niedersachsen. Leinenstoffe in standardisierter mittlerer Qualität aus sächsischen und westfälischen Hansestädten, auch aus Preußen, wurden seit dem 14. Jahrhundert von Hansekaufleuten exportiert. Im 15. Jahrhundert belief sich der Anteil der hansischen Produkte auf durchschnittlich 30% der gesamten Londoner Textilimporte. Hansisches Leinen wurde im 15. Jahrhundert auch nach Holland, über Nürnberg und Frankfurt nach Italien, über Lübeck nach Osten und Norden (Reval, Schonen, Bergen) gehandelt. Die Herstellung erfolgte zu einem großen Teil auf dem Land. Leinen aus Brabant und Flandern war deutlich qualitätvoller als deutsche Produkte. Für die Hanse spielte Leinwand nur im Englandhandel eine überragende Rolle; an anderen Orten dominierte der Wolltuchhandel aus niederländisch-flandrischer und rheinischer, aber auch aus westfälischer, sächsischer, thüringischer, wendischer und preußischer Produktion. Im letzten Drittel des 14. Jahrhunderts nahmen süddeutsche Städte (Konstanz, Basel, Ulm, Augsburg, Ravensburg, Memmingen, Biberach, Nördlingen, Regensburg) die Barchentproduktion auf der Basis einheimischen Flachses und über Venedig importierter Baumwolle auf. In der ersten Hälfte des 15. Jahrhunderts verbreitete sich die Barchentproduktion auf über 60 Städte.

Verlag und Innovationen im Textilgewerbe

Der Verlag, der seit dem 13. Jahrhundert belegt ist und der sich in allen für den Fernhandel produzierenden Branchen (Textil, Metall, Leder, Holz) allmählich durchsetzte, bildete eine frühkapitalistische Zwischenstufe auf dem Weg zur Manufaktur, d. h. auf dem Weg von der mittelalterlichen Arbeitsteilung zum neuzeitlichen Auseinandertreten von Kapital und Arbeit. Selbst in Florenz waren indessen die Wolltuch-Botteghen der Großkaufleute noch im 15. Jahrhundert Kleinbetriebe mit höchstens 30–50 Mitarbeitern. Es entstanden aber schon vom Verlag dominierte Gewerbereviere, wobei der Kredit als gestaltende Kraft bei dem vielleicht wichtigsten wirtschaftlichen Innovationsschub des Spätmittelalters mitwirkte: der regionalen Diversifizierung und Spezialisierung der Produktion. Die Zünfte haben dieser innovativen Produktionsform vielfach Widerstand entgegengesetzt. In Augsburg musste der Stadtrat schon 1411 unter dem Druck der Weberzunft das Verlagsgeschäft mit Landwebern im Umland verbieten. Die Leinenweberzunft in Konstanz klagte 1423 vor dem Zunftmeisterkollegium, dann 1424 vor dem Rat gegen die Garnaufkäufe des Unternehmers Ulrich Imholz, des ersten großen Verlagsherrn im Leinenrevier des Bodensees. Dennoch hat sich der Verlag breit durchgesetzt.

Das Spinnrad hatte sich im 13. Jahrhundert in Mitteleuropa verbreitet, wie seine Verbote 1224 in Venedig, 1256 in Bologna, 1268 in Paris, 1280 in Speyer, 1288 in Abbeville, 1292 in Siena und 1305 in Douai für die Zünfte aufzeigen. Eine arbeitsersparende Innovation war das erstmals um 1480 dargestellte verbesserte Spinnrad mit Fußantrieb und Flügelspindel, durch das kontinuierliches Spinnen dank der Verbindung von Spinnen und Spulen möglich wurde. Die zuerst in Lucca im 13. Jahrhundert entwickelte Seidenzwirnmühle ermöglichte es, gleichzeitig auf eine große Zahl von Spulen zu zwirnen. Die Maschine wurde im 14. Jahrhundert in Bologna und Venedig und im

15. Jahrhundert in Florenz eingeführt. Ihr Einsatz in Köln wurde jedoch 1412 durch die zünftisch regierte Stadt verboten, weil ihre hohe Produktivität Arbeitsplätze gekostet hätte. Auch in Venedig erwuchs ihr Widerstand, weil man den Lebensunterhalt armer Frauen und Kinder schützen wollte.

Zünfte

Mit steigendem politischem Gewicht haben die Zünfte selbst oder die von ihnen beeinflussten Stadträte vielerorts die Gewerbe immer schärfer reguliert. Durch Zunftzwang und Aufnahmebedingungen erhoben sie einen Monopolanspruch. Sie beschränkten den Wettbewerb auch unter den Mitgliedern. Sie ordneten die Lehrlingsausbildung und sicherten damit die Weitergabe des gewerblichen Wissens. Strikte Qualitätskontrollen lagen auch im Interesse der Abnehmer. Vielfach schrieben sie auch Produktionsprozesse und -mittel vor, legten Arbeits- und Verkaufszeiten fest, bestimmten Höchstlöhne, Absatzquoten und Mindestpreise. Diese Normen entwerfen das Bild eines von den Zünften erstrebten Idealzustands, der aber nicht strikt durchgesetzt und gegen den vielfach verstoßen wurde. Im 15. Jahrhundert suchten sie ihre Interessen auch im Umland zur Geltung zu bringen. An Grenzen stieß diese Interessenpolitik bei den Stadträten, die Eingriffe mit dem Gemeinwohl begründeten. In jeder Stadt bildete sich eine je nach deren ökonomischer Struktur unterschiedliche Hierarchie der Zünfte in Status und Prestige heraus. Diese Hierarchien spiegelten die Erwerbschancen: Alle Handelszünfte standen vor den Handwerkerzünften.

Ausblick

Das geographische Ausgreifen Europas in der ersten Hälfte des 14. Jahrhunderts ist nach der Pest von 1348/50 einer allgemeinen Risikoaversion gewichen. Eine neue Expansion erfolgte erst im 15. Jahrhundert mit der allmählichen Eroberung der Kanaren seit 1402 durch Kastilien, auf denen Zuckerplantagen errichtet wurden. Portugal eroberte 1415 Ceuta, dann Porto Santo und Madeira. Hier pflanzten auch die Portugiesen Zuckerrohr. Diese Zuckerinseln sind als Sprungbrett bezeichnet worden, von denen aus die Zuckerindustrie von der Alten in die Neue Welt hinübersprang. Entlang der afrikanischen Westküste gelangten die Portugiesen nach Ghana, Nigeria, Kamerun, 1486 nach Namibia. Pfeffer, Gold, Elfenbein, Sklaven Afrikas wurden dem Handel erschlossen. 1488 umfuhr Bartolomeu Dias das Kap der guten Hoffnung und eröffnete damit den Seeweg nach Indien. Vasco da Gama segelte dann 1497 um Afrika herum nach dem indischen Kozhikode. Der über den Hafen von Antwerpen laufende portugiesische Pfeffer – ein Geschäft, bei dem die Italiener zu spät kamen – war mitentscheidend für die Verlagerung des Geldmarktes von Brügge in diese Stadt. Auf der Fahrt nach Indien entdeckte Pedro Alvares Cabral 1500 Brasilien. Kolumbus ist in spanischem Auftrag 1492 über die Kanaren in die Karibik bis Santo Domingo gelangt. Giovanni Caboto segelte in den 1490er Jahren von Bristol aus nach Neufundland. Mit dem Seeweg nach Indien und der «Entdeckung» Amerikas begann eine neue Epoche der Wirtschaftsgeschichte.

Leseempfehlungen

Es werden nur wenige deutschsprachige Titel, die nach 2000 erschienen sind, aufgeführt. Eine ausführliche Liste der internationalen Literatur findet sich im Internet unter www.chbeck.de/go/Wirtschaftsgeschichte-des-Mittelalters

Boetticher, Manfred von, Herrschaft und mittelalterliche Montanindustrie. Der Bergbau in Böhmen, Erzgebirge und Harz und seine Wechselbeziehungen, in: Niedersächsisches Jahrbuch für Landesgeschichte 80, 2008, 1–14.

Ertl, Thomas, Bauern und Banker. Wirtschaft im Mittelalter, Darmstadt 2021.

Fouquet, Gerhard / Gilomen, Hans-Jörg (Hg.), Netzwerke im europäischen Handel des Mittelalters, Ostfildern 2010 (Vorträge und Forschungen 72).

Gilomen, Hans-Jörg, Die ökonomischen Grundlagen des Kredits und die christlich-jüdische Konkurrenz im Spätmittelalter, in: Eveline Brugger, Birgit Wiedl (Hg.), Ein Thema – zwei Perspektiven. Juden und Christen in Mittelalter und Frühneuzeit, Innsbruck – Wien – Bozen 2007, 139–169.

Goetz, Hans-Werner, Frühmittelalterliche Grundherrschaften und ihre Erforschung im europäischen Vergleich, in: Michael Borgolte (Hg.), Das europäische Mittelalter im Spannungsbogen des Vergleichs, Berlin 2001 (Europa im Mittelalter 1), 65–87.

Gringmuth-Dallmer, Eike, Die hochmittelalterliche Ostsiedlung in vergleichender Sicht, in: Siedlungsforschung 24, 2006, 99–121.

Grubmüller, Klaus / Stock, Markus (Hg.), Geld im Mittelalter, Darmstadt 2005.

Knittler, Herbert, Europas Wirtschafts- und Handelsräume am Vorabend der atlantischen Expansion, in: Friedrich Edelmayer, Erich Landsteiner, Renate Pieper (Hg.), Die Geschichte des europäischen Welthandels und der wirtschaftliche Globalisierungsprozeß, Wien 2001, 12–32.

Kuchenbuch, Ludolf, Abschied von der «Grundherrschaft». Ein Prüfgang durch das ostfränkisch-deutsche Reich (950–1050), in: Zeitschrift der Savigny-Stiftung für Rechtsgeschichte. Germanistische Abteilung. 121, 2004, 1–99.

Kuchenbuch, Ludolf, Versilberte Verhältnisse. Der Denar in seiner ersten Epoche 700–1000, Göttingen 2016 (Figura 4).

Pfister, Christian / Wanner, Heinz, Klima und Gesellschaft in Europa. Die letzten tausend Jahre, Bern 2021.

Popplow, Marcus, Technik im Mittelalter, München [2]2020.

Rösener, Werner (Hg.), Grundherrschaft und bäuerliche Gesellschaft im Hochmittelalter, Göttingen 1995 (Veröffentlichungen Des Max-Planck-Instituts für Geschichte 115).

Schulz, Knut, Handwerk, Zünfte und Gewerbe. Mittelalter und Renaissance, Darmstadt 2010.

Selzer, Stephan, Die mittelalterliche Hanse, Darmstadt 2010 (Geschichte kompakt).

Spufford, Peter, Handel, Macht und Reichtum: Kaufleute im Mittelalter, Darmstadt 2004.

Steuer, Heiko, Münzprägung, Silberströme und Bergbau um das Jahr 1000 in Europa –

wirtschaftlicher Aufbruch und technische Innovation, in: Achim Hubel, Bernd Schneidmüller (Hg.), Aufbruch ins zweite Jahrtausend. Innovation und Kontinuität in der Mitte des Mittelalters, Ostfildern 2004, 117–149.

Witthöft, Harald, Ueber Korn und Brot – Geld und Münze. Rechte Zahl und aequalitas als gerechter Preis in Mittelalter und Neuzeit, in: VSWG 93, 2006, 438–479.

Wunderer, Regina, Weinbau und Weinbereitung im Mittelalter. Unter besonderer Berücksichtigung der mittelhochdeutschen Pelz- und Weinbücher, Frankfurt/Main 2001 (Wiener Arbeiten zur germanischen Altertumskunde und Philologie 37).

Register